中小学劳动教育课程设计探索
（上）

主　编　孙　亮　刘朝杨　赵　敏
副主编　徐显平　郭永昌　杨国成

西南交通大学出版社
·成都·

图书在版编目（CIP）数据

中小学劳动教育课程设计探索. 上 / 孙亮，刘朝杨，赵敏主编. --成都：西南交通大学出版社，2023.12
ISBN 978-7-5643-9636-7

Ⅰ.①中… Ⅱ.①孙… ②刘… ③赵… Ⅲ.①劳动教育－教学设计－中小学 Ⅳ.①G633.932

中国国家版本馆 CIP 数据核字（2023）第 241099 号

Zhongxiaoxue Laodong Jiaoyu Kecheng Sheji Tansuo（Shang、Zhong、Xia）

中小学劳动教育课程设计探索（上、中、下）

主编　孙　亮　刘朝杨　赵　敏

策 划 编 辑	罗在伟
责 任 编 辑	居碧娟
封 面 设 计	GT 工作室
出 版 发 行	西南交通大学出版社 （四川省成都市金牛区二环路北一段 111 号 西南交通大学创新大厦 21 楼）
营销部电话	028-87600564　028-87600533
邮 政 编 码	610031
网　　　　址	http://www.xnjdcbs.com
印　　　　刷	成都勤德印务有限公司
成 品 尺 寸	170 mm×240 mm
总 印 张	12.75
总 字 数	215 千
版　　　　次	2023 年 12 月第 1 版
印　　　　次	2023 年 12 月第 1 次
书　　　　号	ISBN 978-7-5643-9636-7
套价（全 3 册）	70.00 元

图书如有印装质量问题　本社负责退换
版权所有　盗版必究　举报电话：028-87600562

编委会

主　编：　孙　亮　刘朝杨　赵　敏

副主编：　徐显平　郭永昌　杨国成

编　委：　陈青秀　付丽霞　苟秋香

　　　　　贾　琳　刘朝杨　孙丽蓉

　　　　　王　菲　王　欢　赵　兵

前言

2020年以来，中共中央、国务院印发了《关于全面加强新时代大中小学劳动教育的意见》，教育部出台《大中小学劳动教育指导纲要（试行）》，国家对劳动教育从顶层设计、教育目标、具体内容和要求等方面进行了全方位阐释，进一步强调了劳动教育的综合育人功能和在深化教育领域综合改革中的重要地位。党的二十大召开后，"实施科教兴国战略，强化现代化建设人才支撑"的新时代教育改革系统部署对加强中小学生劳动素养提升提出了更高要求。为此，推动中小学生在学习系统文化知识之外，亲身参与日常生活劳动、生产劳动和服务性劳动，培养正确劳动价值观和良好劳动品质日益重要，日益紧迫。

本书在结合广元市中小学劳动实践教育教学工作实际和成功经验基础上编撰而成，目的在于根据教育目标，针对不同学段、类型学生特点，以日常生产劳动、生活劳动和服务劳动为主要内容开展劳动教育。本书根据广元地区中小学实际情况，结合广元自然、经济、文化等方面的条件，充分挖掘行业企业等可利用资源，宜工则工，宜农则农，采取多种方式开展劳动教育。

本书以课程类别为标准，分为上、中、下三册。上册以"生产劳动"为主题，中册以"生活劳动"为主题，下册以"服务劳动"为主题，力求涵盖多元化的课程类别，使课程内容更加丰富多彩。

本书还结合产业新业态、劳动新形态，注重选择新型服务性劳动的内容，以求通过劳动教育，使学生能够牢固树立劳动最光荣、劳动最崇高、劳动最伟大、劳动最美丽的观念；体会劳动创造美好生活和劳动不分贵贱，培养起热爱劳动，尊重普通劳动者，勤俭、奋斗、创新、奉献的劳动精神；具备满足生存发展需要的基本劳动能力，形成良好劳动习惯。

　　本书在编写过程中难免有不足之处，真诚希望大家提出宝贵意见，我们将集思广益，不断修订，力求使本书更加完善。

　　最后我们由衷地感谢为本书提供课程资料的老师们，是他们的课程研究成果为本书的编撰提供了参考和借鉴。

《中小学劳动教育课程设计探索》编写组
2023 年 3 月

目 录

蔬菜的种植……………………………001

艾条制作………………………………006

薄荷膏制作……………………………010

竹编花篮………………………………015

甘蓝种植………………………………019

桂花树扦插……………………………025

劳动小菜园……………………………031

生发豆芽………………………………035

土陶的制作与创新……………………039

移栽香葱………………………………042

油菜的一生……………………………045

中药香囊制作…………………………053

种植大蒜………………………………059

种植体验、生命教育…………………064

学做快乐小木匠………………………069

蔬菜的种植

一、课程说明

本课程利用学校种植园、食堂烹饪室、科学实践操作室等资源和设备，结合小学科学课程，以劳动教育的系统性和科技理论为支撑，使小学科学中的生命科学在劳动教育课程中得到延伸和实践。通过让学生学习选择蔬菜种子，了解蔬菜种植发芽的必备条件，学会利用身边的劳动资源培育苗圃，种植出自己的蔬菜，通过蔬菜种植体验劳动的快乐，感受劳动的意义。

二、课程目标

- 劳动观念：通过种植蔬菜，感受劳动的快乐，体会劳动创造的快乐美好生活，树立正确的劳动观念，同时感受到生命科学的奥秘与魅力。
- 劳动技能：通过活动与实践，掌握选种、育种、移栽、种植的方法和技巧。
- 劳动品质：在学习种植蔬菜的过程中，养成吃苦耐劳、团结合作的品质，养成劳动的习惯。
- 劳动精神：亲身经历种植的过程，培养学生热爱劳动和劳动人民的情感；抵制好逸恶劳、贪图享受、不劳而获、奢侈浪费等恶习的影响。

三、适用学段

小学五、六年级。

四、课前准备

（一）知识准备

了解熟悉二十四节气，知道在什么时节种植什么蔬菜；学会选择优质的种子、了解种子发芽所需要的条件；认识各种农具，掌握农具的基本用法；会初步的种植技术；具备不怕苦、不怕累、团结合作、愿意劳动的精神。

（二）工具准备

蔬菜种子、镰刀、锄头、工具铲、小桶、喷水壶、手套、化肥、农药、教学用具等。

（三）安全事项

加强课前安全教育，增强自我保护意识，针对活动内容，拟定安全注意事项，予以活动前告知，做到安全组织与自我保护结合，以免意外事故发生。

给予身体状况不宜参加劳动和活动者相应的照顾和安排。

不玩易燃易爆物品，不玩刀具、铁器等危险及伤人物品，不攀爬高处、危地、树、墙，不玩水等。

开展活动时精心组织、有序安排，按预定方案进行，要求做到不拥挤、不乱跑、不相互嬉闹等。

正确使用劳动工具，以免给自己或他人造成伤害。有指导、有保护措施地示范正确动作及技巧，防止跌打损伤等问题发生。

备好常用药，如酒精、胶布、药棉、红汞、藿香正气水等。

五、教学过程

（一）如何选择种子

1. 交流与分享，了解蔬菜的种植季节

观察各种蔬菜烹饪的食物图片，选择自己最喜欢的一种食物进行简单的交流。讨论各种蔬菜的种植季节，结合时节，选择种植的蔬菜品种。

2. 教师引领，探究种子选择方法

（1）观察种子的颜色。正常种子颜色纯正、外观新鲜。

（2）观察种子颗粒大小。种子粒一般要比其他粮粒小，但是均匀饱满。

（3）观察籽粒整齐度。如果种子大小不均匀、颜色各异、杂质多、霉粒多，则种子的成活率就很低。

（4）看种子的发芽率。主要看种子在保存过程中是否有霉变、发烂虫蛀、颜色变暗等情况，打开包装有霉味，说明种子已经变质，发芽率不会太高。

（5）看种子的包装。包装上印有生产和经营单位名称，有品种标签和说明书，有三证编号，是一次性封口。

3. 自主选择

根据实际情况选择好适宜的种子，储存备用。

（二）种子的发芽——育苗

1. 学习新知

学习小学科学《观察种子的发芽实验》这一节内容，通过对比实验，学习种子发芽需要的条件：适宜的温度、充足的空气、充足的水分。

2. 准备育苗材料

种子、培养皿、喷水壶、土壤、吸水纸、工具铲、花盆等。

3. 分组合作实践操作

（1）用工具铲犁松培养皿或花盆中的泥土。

（2）将种子均匀铺洒在泥土表面，然后盖上一层细土或吸水纸。注意土不能盖得太深。

（3）用喷水壶均匀地打湿土壤。

（4）将播撒种子的培养皿或花盆集中摆放到阳光下，晚上要移到室内，同时要定时补充水分。

（三）移栽、种植

1. 犁地、松土

（1）到学校种植园清地，将地上的杂草、秸秆铲除干净。要提前准备好

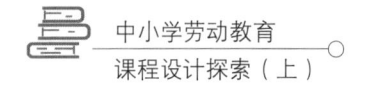

手套、镰刀；使用工具时注意安全。

（2）犁地、松土时，先学习如何使用锄头，然后一字排开共同开垦。注意不能随意乱跑，以免受伤。

2. 栽植

（1）移栽前，先将土壤打湿。在移植的过程中不能伤到蔬菜的根、茎、叶。同时，将菜苗分装到小桶中。

（2）栽植蔬菜苗，在栽植前要确定好行宽、列宽，并学习苗圃的栽植方法。然后以小组形式合作，开始栽植。

3. 定期浇灌、施肥、除草

（1）移栽完成后，用清水浇灌，并对种植的蔬菜进行看护和照顾。

（2）定期轮流浇灌、除草、杀虫。

（四）收获成果

1. 收割成熟的蔬菜

（1）收割蔬菜，体验丰收的喜悦。

（2）将自己的劳动果实进行展示。

（3）各小组参观、互评，评选种植小能手。

2. 分享收获的喜悦

（1）将蔬菜择洗干净并摆放好。

（2）观摩烹饪师傅切菜、炒菜。

（3）一起品尝种植的蔬菜。

六、总结评价

（一）学生总结评价

学生评价自己在本次劳动教育活动中是否通过实践体验等达到了自己初步设定的目标，是否树立了正确的劳动观念，培养了热爱劳动、尊重劳动成果的情感。

（二）成果展示交流

评选出优秀的劳动成果并展示出来，比一比谁的成果完成得最好，并请表现优秀的学生分享自己的成功经验，讲述在劳动活动过程中遇到的困难以及克服困难的方法。

（三）教师总结评价

教师对学生的成果进行评价，评选优秀的成果并做出分析；对本次劳动活动进行总结。

七、拓展延伸

蔬菜不仅可以种在菜园里，根据蔬菜的生长习惯和大小，我们还可以选择泡沫箱等容器种植蔬菜。请在课后了解使用泡沫箱种植蔬菜的优缺点和注意事项，回家后选择一种蔬菜，并用泡沫箱种植养护。

艾条制作

一、课程说明

艾条是用棉纸包裹艾绒制成的圆柱形长卷，主要用于艾灸。艾灸是中国最古老的医术之一，属中药外治法，可温经散寒，行气血，逐寒湿，适用于风寒湿痹、肌肉酸麻、关节四肢疼痛、颈椎病等病症。本课程通过体验手工制作艾条，让学生在了解我国传统中医药文化知识的同时，感受劳动人民的无穷智慧，养成热爱劳动、积极主动参与劳动的习惯，树立劳动最光荣的观念。

二、课程目标

● 劳动观念：通过制作艾条，树立正确的劳动观念，感受中医文化的魅力。

● 劳动技能：了解艾草的药效和民俗知识。

● 劳动品质：在学习制作艾条的过程中，养成吃苦耐劳、团结合作的品质；体验中医行业的工作，形成以劳动为荣、以懒惰为耻的价值观。

● 劳动精神：亲身体验艾条的制作过程，培养学生热爱劳动和劳动人民的情感，培养学生对中医药行业的兴趣。

三、适用学段

小学 5~6 年级，初中 1~3 年级，高中 1~3 年级。

四、课前准备

（一）知识准备

了解中医疗法的基本原理和常用方法，认识艾灸。

（二）工具准备

艾绒、制艾机、棉纸、糯米胶、小刷子、经络图。

（三）安全事项

使用制艾机的时候要防止在卷纸的过程中夹到手，使用艾条灸穴的时候要注意控制距离、避免烫伤。

五、教学过程

（一）艾灸介绍

当人体受到风、寒、暑、湿、燥、火、毒、外伤的侵袭或内伤情志后，即可导致脏腑功能失调，产生病理产物，如淤血、气郁、痰涎、宿食、水浊、邪火等，这些病理产物是致病因子，通过经络和腧穴走窜机体，逆乱气机，滞留脏腑、淤阻经脉，最终导致种种病症。艾灸可将毛孔吸开并使皮肤充血，使体内的病理产物从皮肤毛孔排出体外，从而使经络气血得以疏通，使脏腑功能得以调整，达到防治疾病的目的。

艾灸可以通过经络调整人体生理功能，促进新陈代谢，增强血液循环，调整内分泌，提高机体免疫力和防病能力。中医认为其主要作用是调和阴阳，扶正祛邪，疏通经络，补气益血，协调脏腑，从而达到预防早衰、防治疾病的目的。中老年人多阳气衰退，宜施艾灸起到补火助阳，振奋精神的作用。

艾灸的治疗作用包括：① 调和阴阳。人体阴阳的平衡是阻止疾病发生和发展的根本。运用艾灸疗法的补泻作用，可达到调和阴阳之功效。② 温通经络，驱散寒邪。艾叶性温加之点燃熏灸，使热力深达肌层，温气行血。艾灸具有温通经络、散寒除湿、调理气血、宣痹止痛之功效。③ 行气活血，消瘀散结。气见热则行，见寒则凝，气温则血行。艾灸温热刺激，可使气血协调、营卫和畅、血脉和利而行气活血，消瘀散结。④ 温阳补虚，补中益气。⑤ 回

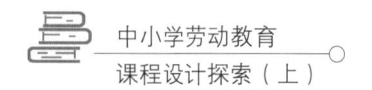

阳救逆。⑥防病保健，强身益寿。

（二）艾条的手工制作流程及注意事项讲解

手工蕲艾条的包装是在工作台上进行的，竹筒用来盛装艾绒，还可使艾绒平铺均匀。

将艾绒盛装到竹筒内，先将艾绒装在半个竹筒里，均匀铺好艾绒。

将艾绒平行倒进包装槽内，用半边竹筒压一下槽内的艾绒。然后用手多按几下，使其更结实和均匀一些。

开始在包艾条机上铺棉纸，纸张最好用棉质的。

用木棒卷艾条，用比较大的力气，两边的食指要按在包装机上，手腕向上顶，手掌握住卷杆向上卷起，三方同时用力，若用力不均，包出来的艾条就会不标准。

卷到棉纸还剩下两三厘米时开始涂糯米胶，从左到右一次涂均匀到位，否则艾条在胶的结口处就会起皱或者可能破掉；左手要按住木棒，用手来保持平衡。

这样一根完整的纯手工蕲艾条就完成了。

学生分小组，在老师的指导下，按要求完成艾条的制作；小组中每位同学须完成一支艾条制作。

老师检查同学们制作的艾条，并对该项活动完成情况做评判、总结。

学生分享艾条制作活动的心得体会及感悟。

六、总结评价

（一）学生总结评价

学生评价自己在本次劳动教育活动中是否通过实践体验等达到了自己初步设定的目标，是否树立了正确的劳动观念，培养了热爱劳动、尊重劳动成果的情感。

（二）成果展示交流

评选出优秀的劳动成果并展示出来，比一比谁的成果完成得最好，并请表现优秀的学生分享自己的成功经验，讲述在劳动活动过程中遇到的困难以及克服困难的方法。

（三）教师总结评价

教师对学生的成果进行评价，评选优秀的成果并做出分析；对本次劳动活动进行总结。

七、拓展延伸

（一）什么是艾灸疗法？

艾灸疗法简称灸法，是运用艾绒或其他药物在体表的穴位上烧灼、温熨，借灸火的热力以及药物的作用，通过经络传导，从而温通气血、扶正祛邪，达到防治疾病的一种治法。

（二）艾灸在治疗、防治疾病方面能起到哪些作用？

近代对于灸法开展过许多科学研究工作，国内外医学资料和临床实践证实，灸法能够活跃脏腑功能，旺盛新陈代谢，产生抗体及免疫力，所以长期施行保健灸法，能使人身心舒畅，精力充沛，祛病延年。施灸对于血压、呼吸、脉搏、心率、神经、血管均有调整作用；能使白细胞、血红蛋白、红细胞、血小板等身体指标明显提高，胆固醇降低，血沉沉降速率减慢，凝血时间缩短，对血糖、血钙以及内分泌系统的功能也有显著的调节作用。

（三）艾叶的药用性能有哪些？

艾叶能宣理气血，温中逐冷，除湿开郁，生肌安胎，利阴气，暖子宫，杀蛔虫，灸百病，能通十二经气血，能回垂绝之元阳；用于内服治宫寒不孕，行经腹痛，崩漏带下；外用能灸治百病，强壮元阳，温通经脉，祛风散寒，舒筋活络，回阳救逆。

薄荷膏制作

一、课程说明

薄荷是我国常见的中医药食之一，生活中的很多地方都能发现薄荷的踪影，比如牙膏、饮料、盆栽、凉菜、牙膏、绿箭口香糖等。薄荷膏是利用薄荷制作而成的药膏。本课程通过手工制作薄荷膏，让学生了解我国中医药文化知识，有效提升学生动手实践能力和劳动素养。

二、课程目标

●劳动观念：通过制作薄荷膏，树立正确的劳动观念，感受中医文化的魅力。

●劳动技能：了解中药材薄荷，学习制作薄荷膏的方法。

●劳动品质：在学习制作薄荷膏的过程中，养成吃苦耐劳、团结合作的品质；体验中医行业的工作内容，形成以劳动为荣、以懒惰为耻的价值观。

●劳动精神：亲身体验薄荷膏的制作过程，培养学生热爱劳动和劳动人民的情感，培养学生对中医药行业的兴趣，抵制好逸恶劳、贪图享受、不劳而获、奢侈浪费等恶习。

三、适用学段

小学 5~6 年级，初中 1~3 年级，高中 1~3 年级。

四、课前准备

（一）知识准备

了解中医疗法的基本原理和常用方法，认识中药材薄荷。

（二）工具准备

薄荷油、蜂蜡、空唇膏管、电磁炉、不锈钢盆、电子秤、烧杯、玻璃搅拌棒。

（三）安全事项

融化薄荷油的过程中要严格按照老师的要求操作，注意避免开水烫伤。

五、教学过程

（一）介绍薄荷

薄荷是一种多年生草本植物，茎直立，高 30~60 厘米，下部数节具纤细的须根及水平匍匐根状茎，锐四棱形，具四槽，上部被倒向微柔毛，下部仅沿棱上被微柔毛，多分枝。薄荷是一种耐寒、喜阳的植物，对土壤的要求不高，在全国大部分地区和北半球大部分国家都有分布和种植。

薄荷的主要价值分为食用价值和医用价值。在食用上，薄荷既可作为调味剂，又可作香料，还可配酒、冲茶等。烹饪上比较常用的有两种，一种是紫绿色茎叶的胡椒薄荷，清凉香味最浓郁；另一种是绿薄荷，它有闪亮、灰绿色圆形的叶片，味道也很清凉。在医用上，薄荷是中国常用中药，它的用药历史也很悠久。李时珍的《本草纲目》以及《扁鹊心书·神方》和《痧胀玉衡书》中都有关于它的记载和方剂。又因其含有薄荷醇，该物质可清新口气并具有多种药性，可缓解腹痛、胆囊问题，还具有防腐杀菌、利尿、化痰、健胃和助消化等功效，所以应用极为广泛。现代医学研究也将它用于刺激和抑制神经、消炎和抗菌、健胃和祛风、芳香和调味。

（二）介绍薄荷膏

薄荷膏具有一定的再生和缓解作用，能够祛风、止痒、止痛，还能消炎、

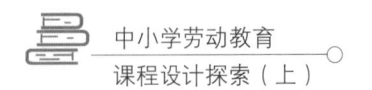

祛痘、收敛、滋润，常用来治疗虫蛇咬伤、蚊虫叮咬、瘀青、轻微的烫伤等，能够有效地缓解蚊虫叮咬所导致的皮肤瘙痒。感冒鼻塞严重时涂在鼻子下，晕船时可以涂在太阳穴等穴位上，都有很好的缓解效果。

（三）讲解薄荷膏的制作流程及注意事项

（1）用酒精对唇膏管，烧杯，玻璃搅拌棒消毒。

（2）将薄荷油和蜂蜡按8∶2的比例称重混合，加入烧杯中。

（3）水加热到70~80 ℃时放入烧杯隔水加热的热水里融化。

（4）倒入模具，冷藏半小时。

注意事项：小心烫伤和用电危险。

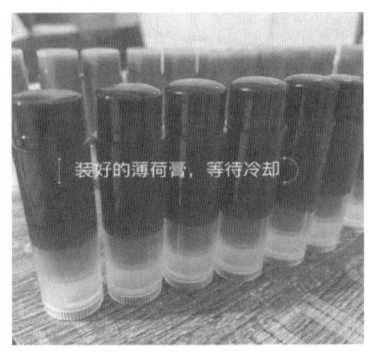

学生分小组，在研学老师的指导下按要求完成薄荷膏的制作。

研学老师检查同学们制作的薄荷膏，并对该项活动完成的情况做评判、总结。

学生分享薄荷膏制作活动的心得体会及感悟。

六、总结评价

（一）学生总结评价

学生评价自己在本次劳动教育活动中是否通过实践体验等达到了自己初步设定的目标，是否树立了正确的劳动观念，培养了热爱劳动、尊重劳动成果的情感。

（二）成果展示交流

评选出优秀的劳动成果并展示出来，比一比谁的成果完成得最好，并请表现优秀的学生分享自己的成功经验，讲述在劳动活动过程中遇到的困难以及克服困难的方法。

（三）教师总结评价

教师对学生的成果进行评价，评选优秀的成果并做出分析；对本次劳动活动进行总结。

七、课后思考

（1）薄荷的主要价值有哪些？
（2）薄荷的生长习性？
（3）薄荷膏有哪些功效和作用，请至少写出3种。

八、拓展延伸

薄荷是中华常用中药之一。它是辛凉性发汗解热药，治流行性感冒、头疼、目赤、身热、咽喉、牙床肿痛等症。外用可治神经痛、皮肤瘙痒、皮疹和湿疹等。平常以薄荷代茶，清心明目。

薄荷多为野生，广泛分布于北半球的亚热带和温带地区。在中国，薄荷以江苏、安徽两省产量最大。西亚、地中海沿岸、南亚和东南亚的许多国家都盛产薄荷。薄荷栽种方式有根茎栽植、分株栽植和扦插繁殖三种。

薄荷的品种繁多，全世界至少有 600 个薄荷品种。这主要是因为其分布广泛，适应性又非常强，还能在自然环境中顺利完成杂交繁殖。薄荷的分类

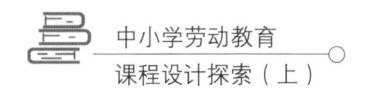

有多种不同的方法。有的是按茎干的颜色区分的，通常可分为青茎薄荷和紫茎薄荷两大类；有的则以产地来对薄荷进行划分。

薄荷的栽培

● 育苗

根茎繁殖：培育种根于 4 月下旬或 8 月下旬进行。在田间选择生长健壮、无病虫害的植株作母株，按株行距 20×10 厘米种植。在初冬收割地上茎叶后，根茎留在原地作为种株。

分株繁殖：薄荷幼苗高 15 厘米左右，应间苗、补苗，利用间出的幼苗分株移栽。

扦插繁殖：5～6 月份，将地上茎枝切成 10 厘米长的插条，在整好的苗床上，按行株距 7×3 厘米进行扦插育苗，待生根、发芽后移植到大田培育。

● 移栽

薄荷在第二年早春尚未萌发时移栽，早栽早发芽，生长期长，产量高。栽时挖起根茎，选择粗壮、节间短、无病害的根茎作种根，截成 7～10 厘米长的小段，然后在整好的畦面上按行距 25 厘米开 10 厘米深的沟。将种根按 10 厘米株距斜摆在沟内盖细土、踩实、浇水。

摘心打顶：5 月份当植株旺盛生长时，要及时摘去顶芽，促进侧枝茎叶生长，有利增产。

竹编花篮

一、课程说明

本课程教学结合学生学习心理，采用多种形式的教学方法，通过多样化的教学方式帮助学生进行学习，促使学生更加注重劳动学习本身，并且使学生在编花篮这一劳动学习中获得更多的知识，以帮助学生全方面提升劳动能力以及劳动的核心素养。

二、课程目标

- 劳动观念：通过编制竹编花篮，体会手工劳动的成就感，树立正确的劳动观念，感受手工劳动的魅力。
- 劳动技能：了解竹编工艺，学习手编花篮的劳动技能。
- 劳动品质：在学习编制竹编花篮的过程中，体会手工编制的乐趣，在实践过程中培养团队协作能力，养成热爱劳动、崇尚劳动的品质。
- 劳动精神：亲身体验竹编花篮的编制过程，正确认识劳动的意义，培养学生热爱劳动、尊重劳动人民的情感，抵制好逸恶劳、贪图享受、不劳而获、奢侈浪费等恶习。

三、适用学段

小学 5~6 年级。

四、课前准备

（一）知识准备

了解竹编花篮的种类、方法和技巧。

（二）工具准备

不同种类、不同颜色的线、塑料条、细竹条、人工花。

（三）安全事项

合理使用剪刀。

五、教学过程

（一）导入

播放《编花篮》，提问："从这首歌里你能听出些什么？"

展示一只精心制作的花篮。

多媒体展示各种精美的小花篮，引入："你对那些漂亮的花篮有何感想？要不要自己编个篮子？本课我们将制作自己的花篮，体验劳动的快乐。"

（二）观察、探讨、发现新知识

（1）将制作好的花篮分成一组，要求大家先观察外表，再动手拆开。请同学们仔细观察：花篮是由哪些部件构成的？如何完成每一部件？（鼓励同学们仔细观察，并大胆地尝试）

（2）小组成员就花篮的组成及制作方式进行探讨。

（3）对讨论的结果进行汇报。

（4）在汇报的基础上总结利用课件制作花篮的整个过程：花篮由提手、篮沿、篮身组成，有篮底、装饰物等多个部件，以及经过了量、剪、粘、编、卷、贴等制作流程。

（三）小组合作实践（播放轻音乐）

1. 教师强调制作时的要点

（1）班级分为五个小组。

（2）制作时比较各小组分工合作，进度良好。

（3）做完后比较谁的作品最漂亮，最有创意。（老师应着重于协作和创新性引导）

（4）注意工具使用安全和场地清洁卫生。

2. 学生实践操作

（1）小组学生分工，把每个花篮都做好。

（2）在各个部件制作完毕后，团队成员将其组装起来，组成一个小型的花篮。

（3）老师督导，协助操作困难的学生，随时引导学生的活动，对学生的作业表现进行评估；鼓励学生养成良好的劳动习惯，为学生准备一些装饰品，使花篮更加完善。

3. 布置课后作业，巩固课堂所学知识

（1）自己画一个心目中的"花篮"。

（2）根据家里现有材料，简单编一个花篮，可以构思丰富色彩。

（3）手工叠一朵小花或者家里有花也可以，插入花篮打卡拍照。

六、总结评价

（一）学生总结评价

学生评价自己在本次劳动教育活动中是否通过实践体验等达到了自己初步设定的目标，是否树立了正确的劳动观念，培养了热爱劳动、尊重劳动成果的情感。

（二）成果展示交流

评选出优秀的劳动成果并展示出来，比一比谁的成果完成得最好，并请表现优秀的学生分享自己的成功经验，讲述在劳动活动过程中遇到的困难以及克服困难的方法。

（三）教师总结评价

教师对学生的成果进行评价，评选优秀的成果并做出分析；对本次劳动活动进行总结。

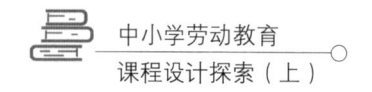

七、拓展延伸

学生在家长的陪同下,搜集竹编类"工匠"名家的资料,看看他们的作品和编制过程,并和家长交流自己的观后感。

思考:你在"编花篮"这节课中学习到了什么,进行总结与归纳,完成一两百字的感想记录,留作下节课小组内分享。

甘蓝种植

一、课程说明

甘蓝是十字花科草本植物,是我们常吃的一种蔬菜,在东北地区被称为"大头菜"。甘蓝的品种有很多,有些是作为蔬菜食用的,有些则是观赏植物。本课程让学生通过学习甘蓝的种植方法,在实践体验中了解农业种植技术常识,学会农业劳动基本技能,更激发劳动热情,培养科学劳动素养,提升综合素质。

二、课程目标

● 劳动观念:通过种植甘蓝,树立正确的劳动观念,感受劳动带来的成就感。

● 劳动技能:了解甘蓝种植常识,能规范地使用常用劳动工具,了解甘蓝的价值与特征。

● 劳动品质:懂得在劳动中遵规守约,学会与他人合作。培养学生有始有终、专心致志的劳动习惯和品质。

● 劳动精神:亲身体验甘蓝的种植过程,培养学生热爱劳动的精神,抵制好逸恶劳、贪图享受、不劳而获、奢侈浪费等恶习的影响。

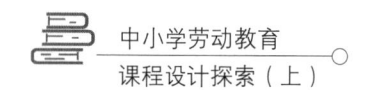

三、适用学段

小学中高段。

四、课前准备

（一）知识准备

观察甘蓝种植的方法，了解它们对生长环境、土质等方面的要求。

（二）工具准备

大锄头、小锄头、两齿耙头（松土）、甘蓝菜苗、旋耕机、肥料。

（三）安全事项

加强学生课前安全教育，增强自我保护意识，针对活动内容，拟定安全注意事项，予以活动前告知，做到安全组织与自我保护切实结合，以免意外事故发生。

了解学生的身体状况，对不宜参加劳动和活动的学生给予相应照顾和安排。

开展活动时，要精细组织、有序安排，按预定方案进行，要求学生做到不拥挤、不乱跑、不相互嬉闹，杜绝放羊式活动安排方法。

引导教育学生正确使用劳动工具，按照正确方式开展活动，以免给自己或者他人造成伤害。

备好常用药，如酒精、胶布、药棉、藿香正气水等。

五、教学过程

（一）导入新课

1. 课前聊天

俗话说，萝卜白菜各有所爱，同学们，你们爱吃包菜吗？喜欢的理由是什么？

（预设：吃起来味道鲜美，可以做出多种样式的菜，可以做糖醋莲花白等。）

看来同学们对包菜都有一定的了解，它在我们的餐桌上随处可见，你们知道它在植物界的学名吗？（预设：甘蓝）甘蓝种植起来非常简单，你们想吃上一盘自己亲手种的甘蓝吗？今天就和老师一起来学习一下甘蓝的种植方法吧！

2. 认识甘蓝

播放甘蓝科普视频并介绍甘蓝：甘蓝是十字花科的草本植物，又名卷心菜、包菜，属于耐寒性蔬菜，在平均温度为 7～25 ℃的环境中能正常生长结球，温度为 15～20 ℃时利于种子萌发，通常 2～3 天就可发芽，如果温度为 -3 ℃，则需要 15 天才能发芽。

吃甘蓝的好处有以下这些：

（1）含有丰富的膳食纤维、矿物质和维生素等。

（2）吃紫甘蓝可以补充各种营养，强身健体。

（3）甘蓝热量低，对胃肠道有好处。

（4）甘蓝可作为抗氧化剂和抗炎性来预防肿瘤等疾病。

（5）甘蓝对冠心病、血压等疾病的治疗有好处。

（二）学习种植

同学们搜集的资料可真全面啊！既然吃甘蓝有这么多的好处，那我们一定要多吃甘蓝。

种植甘蓝需要以下条件：

（1）温度在 15～25 ℃。

（2）充足的水分和光照。

（3）要有合适的耕地。

通过刚才的视频，我们一起来总结种植甘蓝的基本步骤：

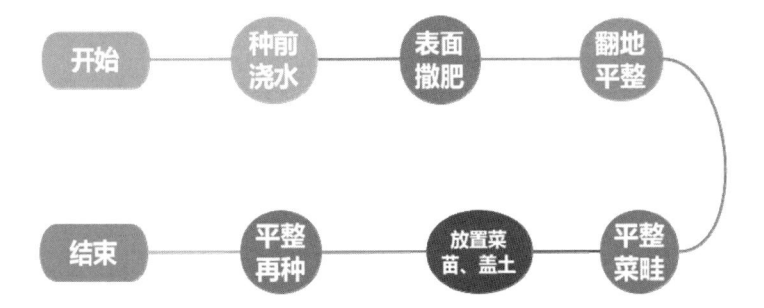

开始 → 种前浇水 → 表面撒肥 → 翻地平整 → 平整菜畦 → 放置菜苗、盖土 → 平整再种 → 结束

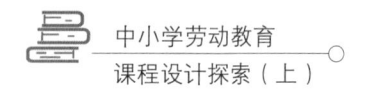

（三）室内课堂小结

看来同学们已经掌握了种植甘蓝的要领，接下来我们就一起去种植甘蓝吧！一会儿到劳动基地的时候，老师先做示范，大家边观察边学习，请同学们认识一下我们今天要用到的工具——锄头、耙等。在此我先强调一下注意事项：

（1）在用锄头挖土时，不要碰到其他同学的头和脚。

（2）在放苗时尽量深浅适中。

（3）劳动过程中注意合作。

（四）室外现场实践

学生以比赛的形式进行分组种植。（学生播种期间教师给予相应的指导，规范一些动作）

今天，我们的土地已经提前喷灌了，所以就不需要再浇水。接下来老师先示范动作，大家边观察边学习。（教师边示范边讲解，在示范之前提问种植步骤）

1. 表面撒肥

在表面撒上一些草木灰或足量的农家肥然后进行深翻，撒肥料的目的是在翻地时，使肥料都混合在土壤里，这样养分不易流失，可为甘蓝以后的生长提供充足的肥料。

2. 翻地平整

我们先要用锹等工具把土地翻垦一次，翻垦土地的作用是让植物在宽松的环境里发育、生长，便于植物吸收养分。翻垦之后要把大块儿泥土捣碎，因为有结块的土壤不利于植物生长。种植土质要比较细，同时要起好沟，不能有积水，这样方便后期灌溉和排水。

3. 平整菜畦

用小锄头在平整后的土地上挖窝，要求深浅适中，能够被土覆盖，30~40厘米就可以了。

4. 边放菜苗边盖土

把菜苗均匀地放入刨好的窝里，不要太密，间距适中即可。然后把菜苗用土盖实（用锄头轻轻刨一些土把菜苗的根部压实）。

5. 浇灌菜苗

最后一步，给菜苗浇灌适量的水，为后面的生长提供养分。

六、总结评价

（一）学生总结评价

学生评价自己在本次劳动教育活动中是否通过实践体验等达到了自己初步设定的目标，是否树立了正确的劳动观念，培养了热爱劳动、尊重劳动成果的情感。

（二）成果展示交流

评选出优秀的劳动成果并展示出来，比一比谁的成果完成得最好，并请表现优秀的学生分享自己的成功经验，讲述在劳动活动过程中遇到的困难以及克服困难的方法。

（三）教师总结评价

教师对学生的成果进行评价，评选优秀的成果并做出分析；对本次劳动活动进行总结。

七、拓展延伸

攥紧中国种子

一粒甘蓝种子、五十余载春秋、几代科学家、数以万计获益百姓，中国工程院院士方智远团队和国产甘蓝育种的故事，感动了很多亲历者、见证者，当地老百姓感叹："院士、专家总是自带胶鞋，一来就扑到地里一整天。"

甘蓝的故事也和很多科学家故事一样，看似朴实无华、波澜不惊，却又意义深远、可歌可敬——蹲在地里，半个世纪研究一颗包菜，为的是"不让农民蹲在地里掉眼泪"；直起腰杆，一粒种子让老百姓能赚到钱，是因为在关键技术上取得突破，与初心相呼应。

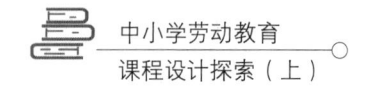

当前，我国青花菜、胡萝卜、菠菜、洋葱等高端蔬菜的对外依存度高达 90%。这样的局面不改变怎么行？每一个蹲在田间、地头，潜心为国家苦心选种、育种，努力破解一个个"卡脖子"难题的科研人员，都值得全社会的尊敬。

"只有攥紧中国种子，才能端稳中国饭碗。"期待更多科学家静心笃志、心无旁骛，笃定甘坐半生"冷板凳"的决心，肯下"数十年磨一剑"的苦功夫，迎来更多"丰收的喜悦"。

桂花树扦插

一、课程说明

桂花是中国传统十大名花之一，是观赏与实用兼备的优良园林树种。桂花清可绝尘，浓能远溢，陈香扑鼻，令人神清气爽。在中国古代的咏花诗词中，咏桂之作的数量也颇为可观。桂花自古就深受中国人的喜爱，被视为传统名花。

扦插育苗是植物繁殖的常用方法之一，它具有繁殖速度快、插条易采集、遗传性变化小、不择地、方便开展活动、易于操作管理等特点。学生通过桂花扦插劳动课程，能够学到课本之外的植物学知识，开阔视野，体会植物世界的神奇，更能培养学生的爱好，使其学到有用的本领。

二、课程目标

- 劳动观念：通过亲自参与耕种劳动，树立不怕苦不怕累的劳动观念。
- 劳动技能：掌握桂花树扦插育苗的概念及方法，熟练运用不同的扦插方法进行桂花树的繁殖。
- 劳动品质：在桂花树扦插育苗的过程中，养成吃苦耐劳、团结合作的品质；体验农耕种植的劳动过程，形成以劳动为荣、以懒惰为耻的价值观。
- 劳动精神：在桂花树的扦插过程中，培养学生热爱劳动和劳动人民的情感，亲近大自然，养成保护生态环境的良好习惯。

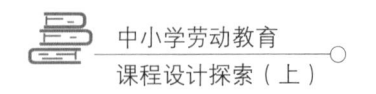

三、适用学段

小学学段。

四、课前准备

（一）知识准备

学生查阅相关资料了解扦插知识；教师准备扦插相关视频。

（二）工具准备

枝剪、小刀、扦插土、生根粉、多菌灵、沙土、塑料杯、塑料盆、夹子、带叶的桂花树枝条。

（三）安全事项

听从老师的安排，活动课中认真操作，不与同学打闹，不到处乱跑。
使用劳动工具时要小心，以免伤到自己和同学。
药品类的使用统一由老师负责调配，学生不能擅自拆开。

五、教学过程

（一）课程引入

同学们你了解的植物繁殖方法有哪些？——有性繁殖、无性繁殖（嫁接、压条、扦插、组织培养等）。

生活中你见过的哪些植物可以用扦插方法来繁殖？

今天我们来学习桂花树繁殖方法中的一种——扦插繁殖。

（二）知识讲解

1. 了解扦插知识

扦插的原理：利用修剪的植物营养器官，如根、茎（枝）、叶的一部分，在一定条件下插入土、沙或其他基质中，利用植物的再生能力与人工培育，发育成一个完整新植株的繁殖方法。

观看视频，回答问题：
（1）桂花树扦插它可以解决园林种植中的哪些问题？
（2）桂花树扦插用什么做插穗？使用什么工具来完成？
（3）桂花树扦插通常选在什么时间，采用什么方法？
（4）桂花树扦插应选择什么土质？

教师补充：
（1）植物太少，则扩大群体数量。
（2）扦插时间：桂花树的扦插一般在每年夏季和秋季进行（6、7月份最佳）。
（3）枝条选择：品种优良、芽体饱满、无病虫害、生长势强的插穗。
（4）土质选择：以疏松透气的沙石土壤为宜。
（5）扦插方法与类型：叶插和枝插。
（6）管理事项：注意水分湿度、养护温度与时间等。

2. 叶片扦插实践

分小组进行：5~6人一组，标记组号。

1）多媒体展示桂花树叶片扦插的方法，学生概括叶片扦插的步骤

① 剪下健康叶片，要带梗。
② 清水稀释多菌灵，叶片浸泡5分钟消毒。
③ 叶子放入装有沙石的塑料杯里，杀菌，水淋湿固定。
④ 倒扣塑料杯固定，移到温暖散射光处。

（通过观察和以往的实践经历总结归纳出扦插的四个环节）

2）分步骤演示扦插的四个环节

（1）修剪叶片
① 视频资料：如何修剪叶片。
② 教师边讲理论，边实践操作。
③ 请两名学生演示这一环节，边演示边说出操作过程。
④ 思考要注意什么，同学间交流。

（2）叶片消毒
① 视频资料：按比例稀释多菌灵，叶片消毒。
② 教师指导学生实际操作，并指出要点。
③ 注意消毒安全和周围的环境卫生。
④ 每位学生对自己剪下的叶片消毒，互相检查交流。

⑤思考为什么要消毒，同学间交流并得出答案。

（3）固定叶片

①视频资料：叶片放入沙石中浇水固定。

②请参加过扦插的同学上前演示这一环节，并说出操作过程。

③边操作，边设疑，边讲解。

④叶片为什么要直插？

⑤叶片要插到什么位置？

⑥学生练习，相互检查交流。

（此环节的关键在于掌握好叶片插入的深度）

（4）固定插床

①视频资料：塑料杯倒扣并固定放入温暖处。

②教师设疑：第四环节跟哪个环节相似？为什么要倒扣塑料杯？鼓励学生试着动手操作。

③小组出代表上台来展示。

④要求学生扦插一株苗，把四个环节连贯起来操作，看谁扦插得好。

⑤以小组为单位，看哪个小组先扦插完，每组选一名评委，看哪组既有速度，又有质量，评出等级。

（四个环节的展示，注重学生的生活与社会实践的联系，使学生深刻理解每个环节的操作过程和内在联系）

只要肯钻研，多动脑，多实践，就一定能掌握扦插技术。同学们，刚才我们完成了叶片扦插，要养护好你们的成果。接下来我们继续学习另外一种扦插方法。

3. 树枝扦插

分小组进行：5～6人一组学习枝插知识。

多媒体展示：桂花树插穗的选、剪及扦插步骤。

学生尝试说一说桂花树枝扦插的方法及步骤。

①剪下半成熟嫩枝做插穗。

②如何修剪枝条。

③枝条杀菌入盆。

④倒扣塑料杯固定，移到温暖散射光处。

（1）选枝条

① 视频资料：如何剪取枝条。

② 教师边讲理论，边挑选。

（一般选取桂花树外围的嫩枝，要求是当年生的已经半木质化的枝条，剪取后用湿纸巾包住基部，保持水分不会流失）

③ 思考为什么要用湿纸包住枝条的基部，同学间交流。

④ 让部分学生自己选一选枝条。

（2）修剪枝条

视频资料：如何修剪枝条。

① 剪切口：剪切口的法则：上平切，下斜切。

（剪取5～10厘米的枝条，保留两到三个节。下斜切，切口45°左右。切口在节间，节与节之间叫节间，此部分是植物生根的部位）

② 保留1～3片叶子。

③ 提问：枝条为什么要斜剪45°左右？为什么要保留几片叶子？

④ 学生相互交流，练习修剪。

（3）枝条入盆固定

视频资料：枝条如何入盆。

看完视频后上前演示这一环节，并说出操作过程。

切口为什么沾取少许生根粉？

枝条插入深度到什么位置？

练习并相互检查交流。

温馨提示：（扦插时先用竹钎插一小孔然后在小孔位置插入插穗，深度为1/3插穗长度。以插条叶片互不掩盖为原则，植株行距以3.5～4厘米为宜。）

（4）固定插床

视频资料：塑料杯倒扣并固定放入温暖处。

要求学生扦插一株苗，把四个环节连起来操作，看谁扦插得好。

以小组为单位，评出等级。

（一个花盆插一个小组所有人的，可以做上记号便于以后观察）

4. 谈一谈这次扦插技术学习的感悟

说一说扦插后期怎样管理。

教师总结：

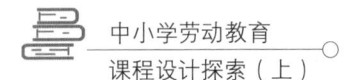

（1）水分管理。方法为喷雾，叶面喷水，覆盖。

（2）温度控制。一般为 20~25 ℃。

（3）施肥管理。

（4）植株管理。

六、总结评价

（一）学生总结评价

学生评价自己在本次劳动教育活动中是否通过实践体验等达到了自己初步设定的目标，是否树立了正确的劳动观念，培养了热爱劳动、尊重劳动成果的情感。

（二）成果展示交流

评选出优秀的劳动成果并展示出来，比一比谁的成果完成得最好，并请表现优秀的学生分享自己的成功经验，讲述在劳动活动过程中遇到的困难以及克服困难的方法。

（三）教师总结评价

教师对学生的成果进行评价，评选优秀的成果并做出分析；对本次劳动活动进行总结。

七、拓展延伸

用扦插技术扩繁三角梅，举一反三，掌握三角梅的扦插技巧。

劳动小菜园

一、课程说明

在新课改理念下,重视农村中小学劳动教育有非常积极的现实意义,因为劳动是人类活动的形式之一,人类通过劳动创造了社会财富,发展并推进了人类文明。学生作为国家未来的接班人,是未来社会发展的生力军,通过劳动教育可以提高他们的认知,提升学生的思想认识,促进学生全面发展,使其成长为未来社会的有用人才。

本课程注重培育劳动知识的实际运用,常态化安排各学段学生参与到农场种植和管理当中去,用理论知识来夯实劳动技能。课程重点为引导学生了解农业种植常识,教授种植的方法,让学生在实践操作中感受劳动的乐趣。

二、课程目标

●劳动观念:懂得种植蔬菜的重要性,树立劳动最光荣、劳动最崇高、劳动最伟大、劳动最美丽的劳动理念,通过日积月累的劳动塑造正确的人生观、价值观。

●劳动技能:了解农业常识,认识常见蔬菜,学习蔬菜种植方法管理要点。

●劳动品质:在农场中参与劳动种植,培养学生动手实践能力,养成吃苦耐劳、团结合作的劳动品质。

●劳动精神:鼓励学生从小主动辛勤劳动,养成孝敬父母、尊重老师、乐于助人的品质,培养不怕苦不怕累的劳动精神。

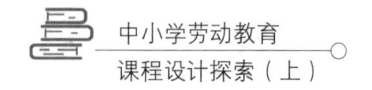

三、适用学段

小学学段。

四、课前准备

（一）知识准备

课前收集种植蔬菜的方法。

（二）工具准备

锄头、种子、肥料等。

（三）安全事项

参加集体劳动一定要遵守纪律、服从管理、听从指挥，不要随意行动，不得打架斗殴、相互推搡。

正确使用劳动工具，以避免发生意外。若发生意外，应立即报告给学校负责人、家长、班主任等，并将学生安排到校医务室做简单的伤势处理后送往医院。若伤势较重，应立即送往医院诊治。

劳动之后，要及时打扫菜园。下课后，要到学校洗手处用香皂进行洗手等卫生的清洁，尤其是在种植过程中接触到的农药等有害物质，要及时洗手，以避免不小心导致中毒。若发生意外，应立即报告给学校负责人、家长、班主任等，并将学生立即送往医院。

五、教学过程

（一）观察

以白萝卜为例，首先引导学生观察认识白萝卜种子，培养学生的观察力。让学生通过看一看、摸一摸、闻一闻等方法正确识别出白萝卜的种子。这也有利于激发学生浓厚的观察兴趣。

（二）教授种植的方法

1. 组织学生到种植园整地播种

（1）把土翻松。

（2）施肥。

（3）撒种。

种植的土壤要保证疏松无病虫害且肥力充足。土壤的前茬作物不可为十字花科作物。然后做好整地工作，将土壤深翻 30 厘米左右。再施入充足的肥料，最好是农家肥，将土壤耕透耙细。然后在播种前将土壤做高垄。萝卜的移栽成活率是比较低的，因此播种方法以直播为主，控制好种植密度，播种深度保持在 1.5 厘米左右，每个播种穴播种 4 粒左右。

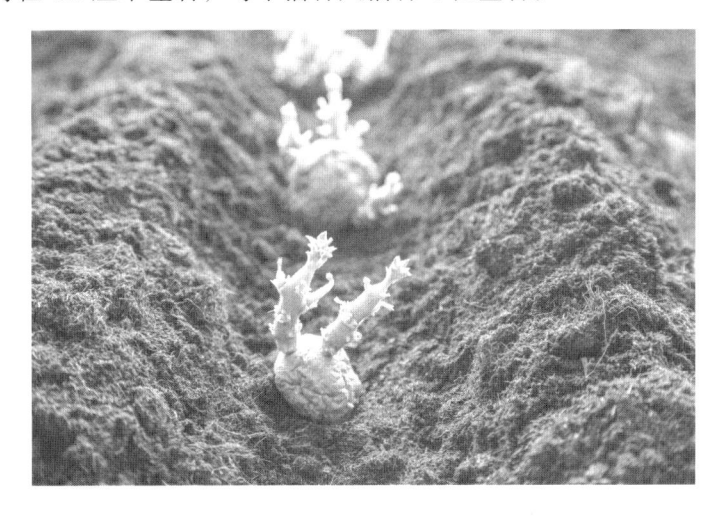

2. 苗期管理

在幼苗长出 2 片左右的真叶时，便要做好间苗工作，间苗主要是要去除一些长势弱、病虫害危害的幼苗，为健壮幼苗提供充足的生长空间，每个穴保留 3 株左右，一般在整个苗期要间苗 3 次左右。在幼苗长出 4 片左右真叶时便可定苗，及时定苗对秋萝卜的生长帮助是比较大的。最后还要适当除草，防止杂草抢夺秋萝卜幼苗的生长营养。

3. 田间管理

肥水管理工作是平衡植株生长的关键，在种植前期，要适当多追肥，为肉质根膨大提供营养。除了要施足底肥之外，还要根据秋萝卜的生长情况适

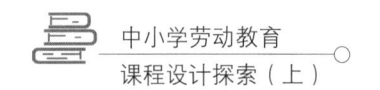

当追肥，提高磷钾肥的使用比例，促使营养转化。控制好用量，尤其是氮肥，要保证蔬菜正常生长。最后要根据蔬菜的生长阶段合理地控制好水分，例如在播种的时候要多浇水，促使发芽。但是任何时候水分都不可过多，否则容易导致肉质根腐烂，引发病虫害。

在教学中，以体验式教学使学生感悟自身的变化与成长，理解辛勤劳动对于丰富和发展自我的重要性，激发学生在未来学习生活中努力奋进、自主追求与实现梦想的勇气。

（三）收获

学生通过自己种植蔬菜，体会到了"自己动手丰衣足食"的乐趣。学生们自己种植蔬菜，而且在课余时间去照顾这些蔬菜，丰收之后，抱着自己的劳动成果回家。

很多家长表示学生把自己的劳动所得带回家后倍感珍惜，吃得很香，一点都不浪费。

六、总结评价

（一）学生总结评价

学生评价自己在本次劳动教育活动中是否通过实践体验等达到了自己初步设定的目标，是否树立了正确的劳动观念，培养了热爱劳动、尊重劳动成果的情感。

（二）成果展示交流

评选出优秀的劳动成果并展示出来，比一比谁的成果完成得最好，并请表现优秀的学生分享自己的成功经验，讲述在劳动活动过程中遇到的困难以及克服困难的方法。

（三）教师总结评价

教师对学生的成果进行评价，评选优秀的成果并做出分析；对本次劳动活动进行总结。

生发豆芽

一、课程说明

本课程选择了贴近学生实际生活的内容和素材，以生豆芽为载体，组织学生在室内体验劳动；引导学生亲手操作、亲身体验，帮助学生在学习中劳动，在劳动中学习。教学中运用视频、PPT 和实物，亲身示范、讲解生豆芽的方法和过程，让学生了解豆芽的生长过程及营养价值，然后让学生亲自动手生发豆芽，以此来培养学生的实践能力、动手能力、思维能力，丰富劳动体验，养成认真做事的习惯，树立正确的劳动观念，培养热爱劳动、主动劳动的品质。通过记录生豆芽的生长和做豆芽菜等任务，将有限的课堂教学延展开去，将劳动实践与语文教学结合。

二、课程目标

●劳动观念：掌握生发豆芽这项技能，从中体验劳动的快乐，培养学生热爱劳动的观念。

●劳动技能：引导学生认识绿豆、黄豆，了解生发豆芽的过程和条件。

●劳动品质：在生发豆芽的劳动过程中，培养学生动手实践能力，养成吃苦耐劳、团结合作的劳动品质。

●劳动精神：观察豆芽生发过程中的变化，激发学生的好奇心，培养学生在劳动实践中的探究精神。

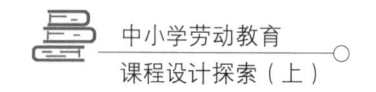

三、适用学段

小学学段。

四、课前准备

（一）知识准备

认识黄豆、绿豆，并了解它们的营养价值，了解豆子发芽的环境和条件。

（二）工具材料准备

适合盛放豆子的盆子或其他敞口器皿，适合厨房使用的干净方帕或纱布等遮光布；绿豆或者黄豆3两左右。

（三）安全事项

给豆芽换水时，可以请家长指导帮助。实践活动中，不能将器具当玩具。操作过程中要沉着冷静，以防慌乱中划伤、摔倒。保持环境干净整洁。

五、教学过程

（一）豆芽科普乐园

1. 猜谜语

有根不入土，有芽不开花，虽是家常菜，园里不种它。（打一植物）

2. 豆芽知多少

（1）学生展示自己带来的绿豆、黄豆。

（2）学生交流讨论绿豆、黄豆的食用价值和药性，豆芽菜的营养价值。

（3）观看反映黄豆芽生长过程的视频。

（二）动手生豆芽

1. 挑选豆子（黄豆或者绿豆）

老师讲解如何选择优质的豆子，展示饱满完整的豆子，强调一定要把发霉、有破损、颜色发暗发黑的豆子挑选出来扔掉。

学生把自己带来的豆子按标准选一选、择一择。同学之间可以互相帮忙挑选。

2. 生发豆芽

把选好的豆子放进准备好的器具里，可以多放点水，静置一个晚上。

第二天早上把盆子里的水倒掉，然后把豆子放在水龙头下轻轻冲洗，盆子里只留洗过的豆子，最后在豆子及器具上盖一层纱布或其他遮光布，避免太阳光照射。

思考：为什么不能见太阳光呢？

原因：因为豆芽见光后，会进行光合作用，豆芽加快变绿、加速老化，这样影响观感，口感也会变差。

坚持每天换一次水，换水时可以多冲洗几次，动作一定要轻一点，最后记得盖上遮光布。

思考：为什么要小心换水，怎样才可以保证不伤着小豆子呢？

观察豆子的变化，并记录下来。

大概两天过后豆子可能会长出一点点小芽，换水时候更要小心点，水龙头开小一点，动作轻一点，小手轻轻翻动豆子。最后记得盖上遮光布。

坚持换水一星期，豆子的芽就长到五六厘米了。这时就可以吃上香喷喷的豆芽菜了。

六、总结评价

（一）学生总结评价

学生评价自己在本次劳动教育活动中是否通过实践体验等达到了自己初

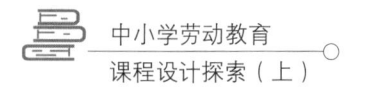

步设定的目标，是否树立了正确的劳动观念，培养了热爱劳动、尊重劳动成果的情感。

（二）成果展示交流

评选出优秀的劳动成果并展示出来，比一比谁的成果完成得最好，并请表现优秀的学生分享自己的成功经验，讲述在劳动活动过程中遇到的困难以及克服困难的方法。

（三）教师总结评价

教师对学生的成果进行评价，评选优秀的成果并做出分析；对本次劳动活动进行总结。

七、拓展延伸

（1）回家后用在学校学到的方法完成一次生豆芽体验。

（2）用自己生的豆芽为父母做一道菜。（家长录好操作过程的视频，把视频及菜品图片发到班级群里）

土陶的制作与创新

一、课程说明

劳动教育应回归生活，让学生学会解决生活中的实际问题。本节课以"土陶"为载体，结合多种课程形式，可以有效激发学生的学习兴趣，深入挖掘"土陶"这一传统文化艺术品，培养学生对传统手工艺术的热爱之情，同时对土陶的制作运用进行开发和创新，开拓劳动教育新思路，提升对学生进行德育教育的整体效果，从环境层面、思想方面不断教育、影响学生。

二、课程目标

●劳动观念：通过对土陶外观的美化，使用土陶制作精美的盆栽，培养学生的创造力，鼓励学生用自己的双手创造美，打造优美绿色校园。

●劳动技能：基本掌握土陶的基本制作方法，对土陶制作的基本技法进行巩固。

●劳动品质：在美化土陶的劳动过程中，培养动手能力、创造力，提高审美情趣，增强热爱大自然、保护植物的劳动品质。

●劳动精神：通过实践体验对土陶进行开发与创新，培养创新精神与动手能力。

三、适用学段

小学学段。

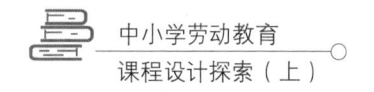

四、课前准备

（一）知识准备

课前熟练掌握土陶制作的基本技巧。

（二）工具准备

土陶、颜料、泥土、花草树木等植物。

（三）安全事项

土陶比较重，在美化过程中注意不要将其打碎。如果不小心打碎，要防止被碎片割伤。

五、教学过程

（一）导入

校园里的花草树木和蔬菜都是种在哪里的？（预设：泥土）泥土是无数植物的家，泥土除了种植植物，还能做什么？

今天老师就给大家带来了一份小礼物，同学们一起来摸一摸，触摸后再谈谈自己的感受。（感受土陶特有的柔软，并说说自己的感受）

泥巴变成土陶需要哪些步骤呢？一起来复习一下。

采土、晒土、舂土、筛土、和泥、羼料、制坯、镶瓷、阴干、磨光、上釉、雕刻绘画、焐熏、烧制、存放成品等，共十几道工艺流程。

我们的校园里有很多花草树木，也种植了大量的蔬菜。但是，它们的家有点太单调了，你们能动动小脑袋，认真思考，为它们打造一个不一样的家吗？为我们的校园换上新装，把校园装点得更有特色、更美丽。

（二）讲授新课

我们如何给土陶变变身，让它来装点美丽的校园呢？可以把它变成什么样子？我们可以用泥巴制作不一样的容器，像花盆一样，来作为植物的新家。今天，我们就带领大家一起来利用土陶，并对它进行美化与创新，一起给学校换上新装，把校园装点得更漂亮！

1. 欣赏土陶作品，思考如何对土陶进行美化

从古至今，很多土陶上面都有精美的图案。同样，你们也可以在手中的土陶上绘画出精美的图案。

2. 制作小创新

这些大大小小、高高矮矮、形状各异的土陶可以用来干什么呢？（动脑思考，结合校园绿化，从土陶的运用上进行开发与创新）土陶的应用很广泛，今天，请同学们利用美化后的土陶为植物布置一个新家！

（三）实践体验

以小组合作的形式，结合主题，动脑思考，对手中的土陶进行绘制，为校园绿植制作创意新家。绘制完成后，在土陶里种上绿色植物。

六、总结评价

（一）学生总结评价

学生评价自己在本次劳动教育活动中是否通过实践体验等达到了自己初步设定的目标，是否树立了正确的劳动观念，培养了热爱劳动、尊重劳动成果的情感。

（二）成果展示交流

评选出优秀的劳动成果并展示出来，比一比谁的成果完成得最好，并请表现优秀的学生分享自己的成功经验，讲述在劳动活动过程中遇到的困难以及克服困难的方法。

（三）教师总结评价

教师对学生的成果进行评价，评选优秀的成果并做出分析；对本次劳动活动进行总结。

移栽香葱

一、课程说明

香葱，又称葱、细香葱、北葱、火葱。香葱为百合科葱属植物，喜凉爽的气候，耐寒性和耐热性相对较强。这是一种极容易种植的蔬菜，主要用于调味和去腥，原产于亚洲西部，在我国南方较为广泛地栽培，在欧洲和亚洲的一些地区也有栽培。本课程通过让学生观察了解香葱移栽的步骤，感知植物的生长过程，亲身体验劳动的艰辛与快乐，同时与大自然亲密接触。

二、课程目标

- 劳动观念：通过移栽香葱，体验劳动的艰辛与快乐，珍惜劳动的果实，养成珍惜劳动成果的劳动观念。
- 劳动技能：了解、认识香葱，了解香葱的生长环境、培育方式，以及香葱在我们日常生活中的作用，学会在教师的指导下正确移栽香葱。
- 劳动品质：在移栽香葱的劳动过程中，培养不怕吃苦的优良品质。
- 劳动精神：亲身体验香葱的移植过程，在亲近自然的同时培养崇尚劳动、尊重劳动、热爱劳动的精神。

三、适用学段

小学学段。

四、课前准备

（一）知识准备

了解香葱的种类、作用。

（二）工具准备

锄头、水桶、香葱、肥料。

（三）安全事项

正确使用锄头，避免锄头伤人。

五、教学过程

（一）引入话题

"半截白，半截青，半截实来半截空，半截在地上，半截在土中。"请问这是什么植物？请同学们说一说它有什么作用。

（二）课程知识

1. 教师向同学们介绍香葱的生长环境及培育方式

香葱是我们餐桌上必不可少的调料，有一种说法是"无葱不香"。同学们都知道香葱是如何种植的吗？它又是在什么时候种植的呢？

香葱喜欢疏松、肥沃、不带病的土壤，一年四季都可种植，3—12月成活率较高。

移栽香葱的方法：翻地时撒上肥料，让肥料充分地融入泥土中。然后分厢（厢面宽1.5～3米，厢沟宽30厘米，厢沟深20厘米）。将准备好的小葱均匀放入厢沟中（每株葱苗3根，株距10～15厘米），再用土掩埋，之后继续放第二排葱，重复之前的过程，直至一厢香葱种植完。最后给所有的香葱浇上定根水。

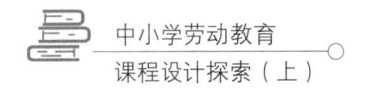

2. 教师向同学们介绍种植香葱需要的工具、材料以及注意事项。

（三）实践操作

1. 教师向学生示范翻地、分厢、香葱移栽。
2. 学生在教师的带领下进行实地操作。

（四）分享体会

同学们一起交流此次移栽香葱的心得体会及感受。

六、总结评价

（一）学生总结评价

学生评价自己在本次劳动教育活动中是否通过实践体验等达到了自己初步设定的目标，是否树立了正确的劳动观念，培养了热爱劳动、尊重劳动成果的情感。

（二）成果展示交流

评选出优秀的劳动成果并展示出来，比一比谁的成果完成得最好，并请表现优秀的学生分享自己的成功经验，讲述在劳动活动过程中遇到的困难以及克服困难的方法。

（三）教师总结评价

教师对学生的成果进行评价，评选优秀的成果并做出分析；对本次劳动活动进行总结。

七、拓展延伸

请同学们记录香葱的生长过程，了解香葱的生长周期。

油菜的一生

一、课程说明

我国油菜栽培遍及全国，分为冬油菜和春油菜两种。其种植面积占中国油料作物总面积的 40% 以上，产量占中国油料总产量的 30% 以上，居世界首位，是我国主要油料作物之一。本课程通过观察记录油菜从播种到成熟的全过程，并让学生亲自参与劳作和观察，真正了解油菜的生长全过程，培养学生的农业劳动常识和热爱劳动的意识，强化学生热爱劳动、尊重劳动人民、珍惜劳动成果的观念。

二、课程目标

●劳动观念：通过下地劳作、亲身种植，牢固树立劳动最光荣、劳动最崇高、劳动最伟大、劳动最美丽的观念。

●劳动技能：通过种植油菜、观察油菜的生长过程，了解一年四季农作物的生长变化。

●劳动品质：在种植油菜的劳动过程中，培养动手能力，养成吃苦耐劳、坚持不懈的劳动品质。

●劳动精神：培养崇尚劳动、热爱劳动、辛勤劳动、诚实劳动的劳动精神。

三、适用学段

小学、初中。

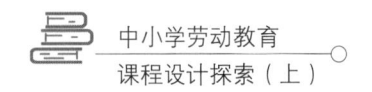

四、课前准备

（一）知识准备

让学生在课前通过书籍或网络了解油菜的相关知识，例如：何时播种何时收割？一生中有几种形态？你认为什么时候的油菜是最美的？它对人类有什么样的价值？

学生根据查找的资料完成附1的表格内容。

（二）工具准备

种子、锄头、镰刀、塑料篷布、连枷或棍、袋子、桶子等。

（三）安全事项

在使用锄头时一定要小心，不要挖到自己的腿和脚。在收割时，要在老师的指导下正确使用镰刀。打菜籽使用连枷或棍时，学生和学生之间要保持距离，在保护个人安全的同时还要注意不要误伤他人，活动结束后归还工具。

五、教学过程

本次课程时长近10个月，共计15个课时。

第一课时

九月中旬，学习育油菜苗。先耕地、平地、开沟起垄、施底肥、筛盖2厘米厚的土、浇水、选粒大饱满的种子，均匀撒种。间距1~2厘米，撒种完盖1厘米厚已消毒的1∶1混合腐殖土和自然土。后期土壤干时浇适量的水。

第二课时

9月下旬，学生观察发芽出苗的油菜。油菜长出了两片子叶。

第三课时

10月中旬，观察正在生长的油菜苗。油菜已长出了2~3片真叶，叶互生，分基生叶和茎生叶两种。基生叶不发达，匍匐生长，椭圆形，有叶柄。

第四课时

10月下旬，学习栽油菜苗。当油菜苗长出5~6片真叶时开始移栽。油菜的移栽方法如下：

①将土翻松、起垄。一定要起垄，不然肥水无法保存，这样对油菜的生

长是有影响的。

② 起油菜苗的时候周边一定要带上原来的土壤，这样能够保证油菜的成活率。

③ 移栽之前不要浇水，不然土壤会很黏，挖出一个小坑，把油菜苗放进去，不要埋得很深，盖住根部、周边土壤轻微按压一下就可以了。

④ 栽上之后，在油菜苗的周围浇一些水，然后每天坚持浇水，但不要太多，防止涝死。

第五课时

11月中旬，学习给油菜苗追肥。一般在距离油菜根部5～8厘米的地方挖窝、施肥、盖土比较合适，在施肥后一般可以适当浇水，通常能够提高肥效。注意防病除虫除草。

第六课时

3月下旬，观察油菜苗生长。基生叶不发达，匍匐生长，椭圆形，长10～20厘米，有叶柄，大头羽状分裂，顶生裂片圆形或卵形，侧生琴状裂片5对，密被刺毛，有蜡粉。整体生长十分旺盛，静待油菜开花。

第七课时

3月上旬，油菜开花了。观察油菜花为黄色，萼片4个，花瓣4片，为典型的十字形，雄蕊6个，雌蕊1个。通常是在3月到5月之间，总状无限花序，着生于主茎或分枝顶端。

与此同时详细介绍油菜的属性和特征，了解学生课前知识准备情况。最后为学生讲解，油菜为十字花科，芸薹属，一年生或越年生草本，直根系，茎直立，分枝较少，株高30～90厘米。油菜的茎生叶和分枝叶无叶柄，下部茎生叶羽状半裂，基部扩展且抱茎，两面有硬毛和缘毛；上部茎生时提琴形或披针形，基部心形，抱茎，两侧有垂耳，全缘或有枝状细齿。

第八课时

3月中旬，观察油菜花陆续开放。油菜花期是营养生长和生殖生长最旺盛的时期，花谢之后长出果荚。油菜植株有六大器官，包括营养器官：根、茎、叶和生殖器官：花、果实、种子。

第九课时

3月下旬，观察油菜花开始逐渐凋谢，结的果实越来越多。

第十课时

4月上旬，观察油菜已经是硕果累累。长角果条形，长3～8厘米，宽2～

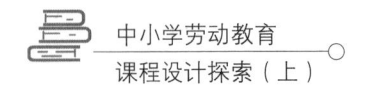

3 毫米，先端有长 9～24 毫米的喙，果梗长 3～15 毫米。

第十一课时

4月中下旬，观察油菜已经进入角果发育成熟期。从终花到角果籽粒成熟的一段时间称为角果发育成熟期，具体又可分为绿熟期、黄熟期和完熟期。

第十二课时

5月上旬，观察油菜已经进入绿熟期，陆续进入黄熟期和完熟期。

第十三课时

5月下旬，收割油菜。我们采用传统的油菜籽人工收割法，具体步骤如下：

① 割油菜的时候身子要处于半蹲状态，左脚左手要微微向前，因为左手在前抓秆，左脚也要稍微向前，这样人是处于一个比较自然的顺势收割油菜的姿势。

② 收割油菜，镰刀要用 45°的斜刀口，右手往上提，刀口沿 45°刀口往油菜秆里面进入，油菜秆瞬间被割断，下桩口留下 45°斜刀口痕迹。

③ 一般来说，根部秆留 30 厘米长就可以了，不能太长，太长油菜秆就浪费了；太短，农民在下田种农作物的时候容易脚受伤。

④ 油菜要捆起来在田边地头放着，大概要接受半个月日晒雨淋，让油菜萁枯萎晒干，油菜荚慢慢变黄。中途要翻面晒，当两面晒枯黄的时候就可以挑回或就地打油菜籽了。

第十四课时

6月上旬，打菜籽。打菜籽之前先用锄头挖运油菜根，腾出空地。

打菜籽的方法如下：

① 打菜籽之前要选择好天气，把已经成熟的菜籽收割放在菜籽地里。这是为了晒干菜籽壳，方便拍打使菜籽掉落。所以一定不要遇到阴雨天，否则菜籽很有可能生根发芽。

② 劳动人民是充满智慧的。从前大家都是把菜籽秆一起背回家里打菜籽，现在为了轻松些，都是在地里垫上一块结实的塑料篷布，然后在地里进行打菜籽，完了只带回菜籽，就轻松多了。我们就是采用在地里打菜籽。

③ 铺好之后，便一把一把地把菜籽秆铺在上面，抱菜籽秆的时候一定要小心，因为太阳晒过的菜籽非常容易"爆出"，一不小心碰到，可能就会损失很多菜籽，使它们掉落在地里。

④ 铺好菜籽秆后，要进行最重要的一个工艺——打菜籽。打菜籽需要一个工具，即连枷或棍。用连枷或棍进行重重地拍打，晒干的菜籽"噼里啪啦"

地爆出。打完一面菜籽，通常还要对菜籽秆翻面进行再次拍打。

⑤ 打完菜籽后，把空空的菜籽秆挪开，还要用"筢"把多余的菜籽壳一层一层地"挪"开。

⑥ 进行第二次"过滤"，用筛子把剩余的大一点的壳筛走，余下的就是菜籽和一些残渣。

⑦ 最后装袋，托运回家，接下来，这些菜籽还要经过太阳的烘烤以及风车的过滤，最后才是比较纯的菜籽。菜籽可以拿到街上榨油，也就是集市上卖的菜籽油了。

第十五课时

6月下旬，榨菜油。榨菜籽油的正确方法：淘晒、清理、破皮、加水、烧料、压榨、毛油处理。同学们送去榨好后拿回学校食堂，供烧菜使用，这就是纯天然菜籽油了。

油菜的一生经历了苗期、蕾薹期、开花期、角果发育成熟期。油菜浑身是宝。油菜花具有很高的观赏价值，每年油菜花田都会吸引一批游客。它有很高的食用价值，金灿灿的油菜花能招来蜜蜂采蜜传粉，制成蜂蜜，油菜籽还能榨油。它还有药用价值，油菜籽油具有清肝利胆、凉血排毒、消炎护肤等功效作用。就连它榨成油剩下的残渣也可以做成饲料和肥料，重新滋养土地和生命，这就是油菜平凡而伟大的一生。

六、总结评价

（一）学生总结评价

学生评价自己在本次劳动教育活动中是否通过实践体验等达到了自己初步设定的目标，是否树立了正确的劳动观念，培养了热爱劳动、尊重劳动成果的情感。

（二）成果展示交流

评选出优秀的劳动成果并展示出来，比一比谁的成果完成得最好，并请表现优秀的学生分享自己的成功经验，讲述在劳动活动过程中遇到的困难以及克服困难的方法。

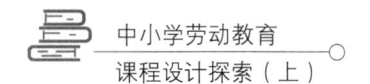

（三）教师总结评价

教师对学生的成果进行评价，评选优秀的成果并做出分析；对本次劳动活动进行总结。

七、拓展延伸

学生自己培育一种植物，观察植物的生长过程，记录从播种、施肥、除草、开花、结果、收获到食用的全过程及心得体会，更进一步感受劳动带给自己的启发。

附 1

《油菜的一生》劳动实践课程课前调查表

姓名		班级	
油菜何时播种何时收割？			
油菜一生中有几种形态？			
你认为什么时候的油菜是最美的？			
油菜对人类有什么样的价值？			

附 2

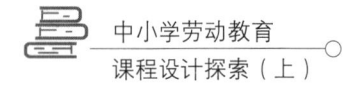

《油菜的一生》劳动实践课程总结表

姓名		班级	
油菜一生经历了哪些阶段？			
你对油菜的一生有何评价？			
通过本课你学到了什么？			
你认为劳动的意义是什么？			

中药香囊制作

一、课程说明

本课程通过手工制作中药香囊,让学生了解中医药文化知识,学习传统中医疗法的基本原理,培养学生对中华传统文化的认同感,提升学生劳动素养,增强积极主动参与劳动的意识。

二、课程目标

- 劳动观念:促使学生主动了解身边的中草药植物,培养学生对中医药文化的热爱,养成职业平等的劳动观念。
- 劳动技能:通过了解中药香囊的来源及基本作用,亲手制作香囊,学习香囊的功效及使用方法。
- 劳动品质:在种植油菜的劳动过程中,培养动手能力,养成吃苦耐劳、坚持不懈的劳动品质。
- 劳动精神:培养崇尚劳动、热爱劳动、辛勤劳动、诚实劳动的劳动精神。

三、适用学段

小学 5~6 年级,初中 1~3 年级,高中 1~3 年级。

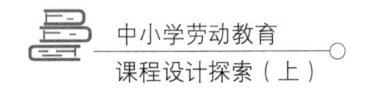

四、课前准备

（一）知识准备

了解中医疗法的基本原理和常用方法，认识香囊的妙用。

（二）工具准备

药材、香囊袋、药碾、药戳、冲筒。

（三）安全事项

使用冲筒和药碾、药戳的过程中要严格按照老师讲述的方法，避免受伤。

五、教学过程

（一）中药香囊介绍

中药香囊源自中医里的"衣冠疗法"，民间曾有"戴个香草袋，不怕五虫害"之说。香囊常用的是具有芳香开窍的中草药，如芳香化浊驱瘟的苍术、山柰、白芷、菖蒲、川芎、香附、辛夷等药，含有较强的挥发性物质。

惊蛰节气后，气候明显转暖，蝇虫飞动，毒气上升，疫病萌发。古人认为人是吃五谷杂粮生百病的，而病从口入，多为邪杂之气，经口鼻吸入。人们在长期同各种病魔斗争过程中，发现饮雄黄酒、佩戴香包能驱邪解毒，自有它的医理。在春季传染病开始抬头的时候，古人为了确保孩子们的健康，用中药制成香袋拴在孩子们的衣襟和肩衣上，以作驱虫祈福之用。

中国用中药香囊熏香祛邪已有悠久的历史。《山海经》载："熏草，佩之可已病。"就是说，嗅闻或佩戴某些药物，可以驱疫防病，是嗅鼻疗法和香佩疗法的较早文字记载。

春秋战国时期楚人使用香囊、蒸香的习俗，如身佩装有香草、佩兰等药物的香囊；卧时枕着盛有辛夷、茅香的枕头；在屋内用花椒、茅香、杜衡等焚烧熏燎；在庭院周围种植泽兰、佩兰、杜衡、白芷等，枝素叶绿，气味芳香，以此来克服自然条件对人类的不利影响。

现代研究认为中药香囊里的中草药浓郁的香味散发，在人体周围形成高浓度的小环境，而中药成分通过呼吸道进入人体，芳香气味能够兴奋神经系统，刺激鼻黏膜，使鼻黏膜上的抗体——分泌型免疫球蛋白含量提高，不断刺激机体免疫系统，促进抗体的生成，对多种致病菌有抑制生长的作用，还可以提高身体的抗病能力。同时，药物气味分子被人体吸收以后，还可以促进消化腺活力，增加分泌液，从而提高消化酶的活性，增强食欲。

香囊用法：香囊佩挂在脖子上，或用别针固定于衣襟，香袋距离鼻孔越近则效果越佳，布袋中药末每10天更换一次，以保持药效。孕妇慎用。

（二）香囊配方

防流感香囊配方

① 冰片、樟脑（不是樟脑丸）各3克，良姜15克，桂皮30克。

② 川芎、白芷各10克，苍术20克，冰片3克。

③ 山奈（砂姜）、雄黄各10克，樟脑3克，丁香50克。

④ 板蓝根、夏枯草、野菊花、桑叶、金银花、藿香、薄荷各20克。（这个有治鼻塞和鼻炎的附加功效）

⑤ 白芷、丁香、佩兰、艾草、木香、菖蒲、冰片、川芎、檀香、陈皮、茴香、肉桂各10克。

⑥ 高良姜15克，佩兰、橘皮各5克，加冰片1.5克。

⑦ 贯众10克，藿香10克，菖蒲10克，冰片10克，丁香10克，艾叶10克，百部10克，荆芥10克，细辛10克。以上9味，磨成粉，分装入香囊中，每份约10克。将香囊挂于胸前。

⑧ 丁香、荆芥穗、紫苏、苍术、肉桂、辛夷、细辛、白蔻仁各2克。

以上几个配方分别单独使用，粉碎后研成细面，每次取药3~5克，15天换一次药。

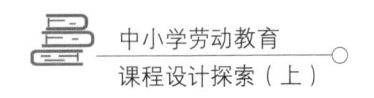

儿童防感冒香囊配方

① 丁香、冰片各 3 克,高良姜 2 克,桂枝、佩兰各 5 克。

② 山奈、丁香、雄黄各 3 克,冰片、薄荷脑各 2.5 克,砂仁、蔻仁各 5 克。

以上任一方,药料研细末并过筛,装入小布袋,每袋 10~15 克,给孩子佩挂在脖子上,或用别针固定于衣襟,香袋距离鼻孔越近则效果越佳,布袋中药末每 10 天更换一次,以保持药效。

预防手足口病香囊配方

藿香、艾叶、肉桂、山奈等量烘干磨成细粉包成 4 克 1 袋,每种药要等量,基本在 0.8 克~1 克左右,做个中药香囊,每天让孩子挂在胸前(离口鼻要近一点),睡觉时放在枕头边,半个月到一个月后香味消失再换一个。

提高抵抗力、增强呼吸道能力的配方

丁香,荆芥穗,紫苏,苍术,肉桂,辛夷,细辛,白蔻仁各 2 克。

驱除蚊虫香囊配方

丁香、薄荷、薰衣草、七里香比例为 1∶1∶1∶1。

解春困

① 冰片、樟脑各 3 克,良姜 15 克,桂皮 30 克。

② 川芎、白芷各 10 克,苍术 20 克,冰片 3 克。

③ 山奈、雄黄各 10 克,樟脑 3 克,丁香 50 克。

任选一种配方,将药物粉碎成细面,取药面 3~5 克,用布缝制成小袋佩挂颈上,15 天换一次即可。

川芎闻鼻散

功用:预防感冒

药物:川芎、白芷、荆芥、薄荷、羌活、藿香、防风各 9 克,细辛、辛夷花、冰片各 3 克,雄黄 2 克。

用法:上花共研细末,从早起每 3 小时闻一次直至睡前,或做成布包闻吸,共用 1 至 3 天。

(以上出自《内病外治精要》)

三香散

功用:防治四时流感

药物：藿香、丁香、木香、羌活、白芷、柴胡、菖蒲、苍术、细辛各3克。

用法：上药共研细末，用绛色布缝制小药袋，装入药末，佩戴胸前，时时嗅闻。

（三）中药香囊的制作流程及注意事项讲解

第一步：根据时节，选好应季香囊配方，用药戥称取所需药材。

第二步：将药材用药碾碾成粉末状。（使用药碾时注意安全，药材全部放入后再推动药碾；切忌边推动药碾边加入药材，以免压伤手指）

第三步：将粉碎好的药材粉末按需用量放入成品香囊袋，缝好封口，中药香囊即成。

学生分小组，在老师的指导下，每位同学按要求完成中药香囊的制作。

研学老师检查每位同学制作的香囊，并对该项活动完成情况做评判、总结。

学生分享中药香囊制作活动的心得体会及感悟。

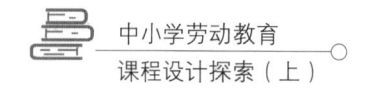

六、总结评价

（一）学生总结评价

学生评价自己在本次劳动教育活动中是否通过实践体验等达到了自己初步设定的目标，是否树立了正确的劳动观念，培养了热爱劳动、尊重劳动成果的情感。

（二）成果展示交流

评选出优秀的劳动成果并展示出来，比一比谁的成果完成得最好，并请表现优秀的学生分享自己的成功经验，讲述在劳动活动过程中遇到的困难以及克服困难的方法。

（三）教师总结评价

教师对学生的成果进行评价，评选优秀的成果并做出分析；对本次劳动活动进行总结。

种植大蒜

一、课程说明

本节课选择了贴近学生实际生活的内容和素材，以大蒜种植为载体，组织学生在室内体验农事劳动——在花盆等器皿中种植大蒜。引导学生亲手操作、亲身体验、亲历情境，让学生在学习中劳动、在劳动中学习、在实践中思考。在教学中，通过PPT和实物让学生了解大蒜的结构和价值，亲身示范、讲解种植方法和过程，然后让学生动手种植大蒜，以此来培养学生的实践能力，丰富农业生产劳动体验。课后拓展照顾大蒜和观察大蒜生长过程两大任务，将有限的课堂教学延伸到无限生活中。

二、课程目标

● 劳动观念：培养学生的动手能力，在大蒜种植中体验劳动的快乐，使学生提高参加种植活动的兴趣，形成崇尚劳动、尊重劳动和劳动最美的劳动观念。

● 劳动技能：引导学生认识大蒜，了解植物生长的条件；通过活动，让学生学会种植大蒜。

● 劳动品质：在种植大蒜的劳动过程中，培养动手能力，激发学生的好奇心，培养学生乐于探究、勇于创新的劳动品质。

● 劳动精神：培养崇尚劳动、热爱劳动、辛勤劳动、诚实劳动的劳动精神。

三、适用学段

小学学段。

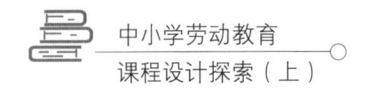

四、课前准备

（一）知识准备

课前调查大蒜的品种、食用价值、药用价值，了解大蒜的生长环境和种植时间。

（二）工具准备

适合种植的大蒜若干，装好松软泥土的敞口器皿，小铲子，小洒水壶。

（三）安全事项

不去危险的地方采集泥土，可以邀请家长陪伴；管理好自己的工具和材料，不拿它们当玩具，不用它们和同学打闹，不让它们弄脏周围的环境。

五、教学过程

（一）大蒜科普小乐园

1. 谜语导入，激发兴趣

出示谜语：兄弟七八个，围着柱子坐。一旦分开了，衣服都扯破。（打一植物）

2. 大蒜知多少

（1）汇报交流自己收集到的关于大蒜的品种、食用价值、药用价值等资料。

（2）课件展示蒜头示意图，认识大蒜的结构，提问：蒜头发芽的是哪一部分？

（3）PPT出示蒜苗图片，激发学生种植的欲望。

课前搜集记录表

记录人		记录时间	
认识大蒜	结构		味道
种植条件	种植时间		生长环境
大蒜的价值	食用价值		药用价值

（二）我们一起种大蒜

1. 挑选蒜种

（1）教师讲解如何挑选优质蒜种。挑选标准：不能用刚收获的大蒜作蒜种，因为大蒜收获后一般约有 2 个多月的生理休眠期。挑选个头大而肉质饱满肥厚的蒜瓣用作蒜种，因为这样的蒜瓣才能为蒜苗提供充足的营养。

（2）学生活动：从带来的蒜瓣中挑选蒜种，同学间可以相互帮忙挑选。

2. 开始种蒜

（1）教师讲解示范土培大蒜的步骤和方法。

① 用铲子铲土、松土。

② 将蒜头插入土中，尖的一头向上，入土一端深度为 3～4 厘米。

③ 为种植好的大蒜浇水。

（2）学生根据自己的观察，说一说种植大蒜的过程。

（3）学生根据种植步骤进行种植，老师巡视指导。

（三）我会照顾蒜宝宝

（1）谈劳动感想和对蒜宝宝的期望。

（2）小组交流：怎样做更有利于大蒜生长？

（3）全班汇报交流。

（4）老师通过学生的交流及讨论，引导大家得出一些能让幼苗长得更好的办法，让学生认识到植物生长发育需要大量阳光和充足的水分。

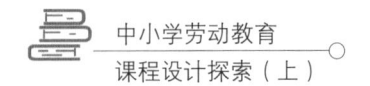

（四）蒜宝成长记

用图文记录刚才种下的蒜宝宝。

拓展任务：

（1）细心照顾蒜宝宝，为它创造适合生长的环境和条件。

（2）关注大蒜的生长变化，用图片和文字记录下大蒜生长过程中的每一次变化。

（3）通过测量和记录，对比不同时间段的蒜苗的高度，了解蒜苗的生长变化过程。

每周进行一次成果交流。

蒜宝成长记

观察时间	天气	颜色、形状、高度	对蒜宝的照顾	记录人

六、总结评价

（一）学生总结评价

学生评价自己在本次劳动教育活动中是否通过实践体验等达到了自己初步设定的目标，是否树立了正确的劳动观念，培养了热爱劳动、尊重劳动成果的情感。

（二）成果展示交流

评选出优秀的劳动成果并展示出来，比一比谁的成果完成得最好，并请表现优秀的学生分享自己的成功经验，讲述在劳动活动过程中遇到的困难以及克服困难的方法。

（三）教师总结评价

教师对学生的成果进行评价，评选优秀的成果并做出分析；对本次劳动活动进行总结。

七、拓展延伸

课后布置照顾和观察大蒜的任务，将课堂延伸到生活中，让学生学会细心照顾植物，关注、了解植物的生长过程，培养学生的探究精神。

种植体验、生命教育

一、课程说明

本课程的主要内容是有关蔬菜种植的劳动实践教育活动，主要目的是让学生在亲自动手种植蔬菜的同时接受生命教育，让学生体会生命发展的过程，体会生命的生长。通过蔬菜种植让学生获得种植体验感，让学生通过劳动实践活动了解农作物的栽种季节、管理及生长过程及一些其他的劳动技能，让学生在劳动中学习，在劳动中成长，懂得珍惜劳动成果，并且进一步培养学生团结协作、助人为乐的精神品质。

二、课程目标

●劳动观念：培养学生正确的劳动观。通过劳动实践让学生树立热爱劳动、尊重劳动人民、珍惜劳动成果的正确思想，形成良好的劳动品质和热爱劳动的习惯。

●劳动技能：了解农作物的栽种季节，学习蔬菜管理的劳动技能。

●劳动品质：在种植的劳动过程中，培养动手能力，激发学生的好奇心，培养学生乐于探究、勇于创新的劳动品质。

●劳动精神：让学生在劳动中学习，在劳动中成长，懂得珍惜劳动成果，并且能够进一步培养学生团结协作、助人为乐的精神品质。

三、适用学段

小学学段。

四、课前准备

（一）知识准备

了解有关生菜、胡萝卜以及樱桃番茄的相关习性，包括这些植物生长的环境需求。他们需要怎样的温度、光照和水分环境，在土壤选择方面有何区别？除此之外，了解有关处理种子和处理幼苗的知识和技巧。

（二）工具准备

锄头、铲子、手套及其他劳动工具。

（三）安全事项

1. 使用锄头、铲子等劳动工具时注意规范使用，防止伤人。
2. 活动过程中注意避免泥土、污水、肥料等污物误入口眼。
3. 一切行动听指挥，严禁嬉戏打闹。

五、教学过程

（一）劳动教育进课堂

（1）认识生菜、胡萝卜以及樱桃番茄的相关习性，以及他们在生长过程中所需要的环境条件。

（2）学会进行品种选择。要根据实际情况选择适宜的品种，包括当地的气候条件、栽种时的季节以及所选择的栽种方式等等，这些条件的不同都会导致品种的差异性。

（3）学习生菜、胡萝卜及樱桃番茄的育苗及种植方式，栽种前如何对种子进行处理。

（二）劳动教育进基地

（1）集合清点学生人数，出发前讲解安全注意事项。

（2）分组，领取劳动工具。

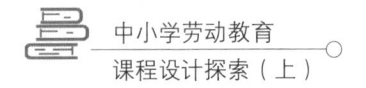

（3）到达基地，教师主要讲解生菜的种植方法。

在准备苗床时，在指定范围内施肥，并且翻平整个土壤。在播种前进行浇水活动，待水位下渗后，再进行一些后处理工作。将种子平均分给学生，栽种在指定的区域并且做好标记，以便后续的回访。

（4）分组操作。

（5）讲解后期幼苗进行管理和栽种。

播种结束后，学生要对生菜幼苗进行管理和栽种。在管理幼苗时，制定切实可行的浇水时间表，同时根据幼苗的不同程度，适当控制水分和养料，一般生菜幼苗的育苗时间为 25~30 天，把控这一育苗时间，防止生菜幼苗发生意外情况。当幼苗顺利生长后，对幼苗采取定植活动。定植时，要注意保护幼苗的根系，这样可以提高幼苗的存活率。

完成生菜的定植后，要进行后续的管理活动，包括水分的管理、杂草的管理以及病虫害的防治。在管理的过程中，学生需要记录管理日志，通过小组间的对比找出在当下季节进行种植的最佳条件，在进行病虫害防治时要谨慎选择防治方法，化学防治可能会有农药残留，这些都是需要注意的要点。

（6）完成生菜的种植活动后，进行胡萝卜的种植活动。

了解种植胡萝卜的难点在于对于胡萝卜的后续管理，除草剂的使用对于胡萝卜的生长尤为重要。要选择适当的除草剂和除草密度，除了要去除杂草外，还要保证胡萝卜的健康生长。在进行除草活动时，需要掌握除草的相关技巧，而且熟练使用工具。定期除草可以有效提高胡萝卜的成活率，并且可以提高胡萝卜的产量。对于胡萝卜幼苗的水分管理更为严格，如果不是特别干旱的土壤，不需要频繁浇水，直到胡萝卜出现 5~6 片真叶时，可以采用浇水的方式促进胡萝卜对于肥料的吸收，当胡萝卜的肉质和手指粗细相同时则进入迅速膨大期,这个时间段胡萝卜所消耗的水分开始增多,及时对胡萝卜进行浇水,保证土壤的湿润,但要注重浇水的适量,不能让肉质腐烂。

(7)完成实践活动,归还劳动工具,返校。

(8)学生谈感想,分享劳动心得。

(9)教师根据本节劳动教育实践课程及时进行总结与评价。

(三)劳动教育进家庭

经过胡萝卜和生菜的种植实践活动,学生已经对种植有了基本的了解,教师引导学生后期可根据合适的季节及天气回家后进行樱桃番茄的种植、育苗和定植活动,针对樱桃番茄进行管理。等待樱桃番茄成熟采摘时,学生可将劳动果实带回学校和班上学生分享。

六、总结评价

(一)学生总结评价

学生评价自己在本次劳动教育活动中是否通过实践体验等达到了自己初步设定的目标,是否树立了正确的劳动观念,培养了热爱劳动、尊重劳动成果的情感。

(二)成果展示交流

评选出优秀的劳动成果并展示出来,比一比谁的成果完成得最好,并请表现优秀的学生分享自己的成功经验,讲述在劳动活动过程中遇到的困难以及克服困难的方法。

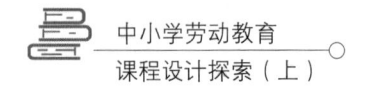

（三）教师总结评价

教师对学生的成果进行评价，评选优秀的成果并做出分析；对本次劳动活动进行总结。

七、拓展延伸

教师给学生布置一些开放性的作业，让学生种植一些自己感兴趣的蔬菜品种，并且进行课后记录，教师同样可以带领学生到农场或者耕地进行参观，让学生感受大规模种植和小规模选育的不同。

学做快乐小木匠

一、课程说明

木工工艺是我国优秀的传统文化，据说中国古代房屋封顶的时候必须请木工镇邪。木工历史悠久，在古代被视为下等职业，因此古时贵族不会学习木工手艺，但也有例外的情况，比如皇帝明熹宗朱由校就因为酷爱木工制作，而被人称作"木匠皇帝"。

当今社会"木工"职业应用领域广泛。比如房屋建设领域、船舶领域、美化景观建设，还有现在很多装饰领域。通过本课的学习，学生可以了解和传承我国木工优秀传统手工文化，认识森林、树木在人们生活中的重要价值，激发学生探究木工工艺的兴趣，学会使用常用工具，探究制作木工工艺品的程序和方法。在课堂中营造浓厚的实践氛围，让学生从中感受、体验，充分激发学生的创造精神，在引导学生获取知识的同时，丰富其劳动体验，培养其合作、动手操作与创新的能力，激发其热爱劳动和培养其正确劳动观念的情感。

二、课程目标

●劳动观念：初步形成探究社区问题的意识，愿意参与社区服务，初步形成对自我、学校、社区负责任的态度和社会公德意识，初步具备法治观念。

●劳动技能：运用一定的操作技能解决生活中的问题，将一定的想法或创意付诸实践，提高利用信息技术进行分析和解决问题的能力以及数字化产

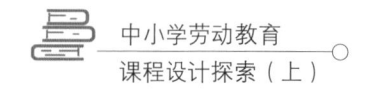

品的设计与制作能力。

●劳动品质：在木工劳动过程中，培养动手能力，激发好奇心，培养乐于探究、勇于创新的劳动品质。

●劳动精神：让学生在劳动中学会主动分享体验和感受，在劳动中成长，懂得珍惜劳动成果，并且能够进一步发展兴趣专长，形成积极的劳动观念和态度，具备初步的生涯规划意识和能力。

三、适用学段

中学学段。

四、课前准备

（一）知识准备

木工是以木材为基础制作材料，以锯、刨、凿、插接、黏合等工序进行造型的一种工艺。由于木材质地坚固、富有弹性、易于加工、其制品经久耐用，所以在生产和生活中得到广泛应用。工具的木把、桌台、橱柜、房屋门窗、公共汽车的座椅……我们生活的各个方面几乎和木工密切相连。

1. 划线：用铅笔和尺子画出各构件尺寸，划线时应注意拐尺的正确运用，注意划线的准确度。

2. 锯割：用锯分割木材，锯割木材时要压线锯割，不能偏离划线，沿直线锯割，并且要固定好木材。

3. 打磨：用砂纸将分割的木材打磨光滑。

4. 拼接组合：木工连接常用的方法有用钉、螺丝等的机械连接以及榫连接、胶连接。榫连接需要做榫头和榫孔。胶连接一般用在木材边与边的链接。

5. 成型：将准备好的构件按顺序拼接组合并加强固定和美化。

（二）工具准备

教师准备：多媒体课件、直角尺、手板锯、砂纸、铅笔、白胶、扁嘴凿、木方凳、木板等，提前收集木制笔架的范例，提供木工制作的场地和操作台。

学生准备：查阅资料，开展调查，认识各种各样的木材、木制品及木工工具，了解木制品的制作方法和程序。

（三）安全事项

（1）一切行动听指挥。授课过程中学生要认真听讲、体验。

（2）使用的工具不得乱放，活动中应随时放入工具箱。

（3）作业前要检查所需使用的工具，如手柄等有无松动、断裂等。如果有问题，必须修复，清除隐患后方可使用。

（4）成品、半成品、木材应分类堆放整齐，不得任意乱扔。

（5）搬运木料时应随时观察前后左右的情况，不要碰到别人。消防通道不可堆放东西。

（6）在操作时必须戴手套和口罩。

（7）钉螺丝时，一只手要握住螺丝，另一只手握住螺丝慢慢地打，周围不可站人。

（8）502胶水开封时，应先把胶水头上弹几下，然后轻轻地切开。眼睛离胶水远一些，以防胶水溅入眼睛内。

五、教学过程

（一）第一课时 调查搜集信息、确定制作主题阶段

1. 创设情境，导入新课

课件出示图片：生活中的木质家具（衣橱、沙发、相片框、笔筒、床、学生课桌等）。

学生：谈谈自己生活中使用过的木制用品。

教师：通过对图片的观察，结合生活中的感受，大家有什么感想？

学生：它们都是木材做成的，都设计得非常精美。

学生：我们身边大部分东西都是木制品，我们的生活离不开木材加工的物品。

学生：我们的生活离不开木制品，人们的创造和劳动使生活变得美好。

学生：通过人们的智慧和劳动创造，树木在我们的生活中发挥出了不可替代的作用。

教师：我们的生活中处处都有木制品，它们不仅成了我们生活中的必需品，还因我们对木材的巧妙加工装饰我们的生活，让我们的生活变得更加丰富有情趣。大家知道木工制作的发展历史吗？

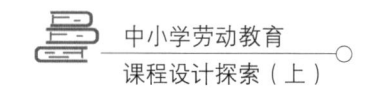

学生：鲁班发明创造了锯、凿等工具。

学生：我参观过滕州鲁班纪念馆，鲁班是我国木匠的祖师爷。

教师：是的，同学们了解得真多！滕州是鲁班的故乡，他是我国木匠的祖师爷，他发明了锯、凿、刨子、墨斗等多种木工工具，促进了我国木工劳动的发展，也让木工成为我国传统的手工劳动，在祖辈们勤劳、智慧的创新下，才有了我们生活中各式各样的木制品，我们的生活才变得更加美好！大家知道这些精美的木工制品是怎样做成的吗？

小组讨论。

学生：先对木材进行设计，设计出我们想要的作品，然后按照步骤切割制作。

学生：木工制品的创造，需要一定的木工技术才能完成。

学生：木工制品的制作过程中，需要用特定的木工工具才能制作成功。

2. 自主学习

教师：同学们回答得非常好，利用木材加工成木工制品为人们生活所利用，的确需要设计并利用木工工具，具有一定技巧才能完成。要想真正知道木工制作技巧，不能单纯地学习理论知识，更重要的是要付诸实践，积累宝贵的经验。

教师：大家先通过各种途径，如在网络上、书本上或从家具厂、家长等处开展调查活动，了解木材加工的方法，认识工具的使用方法，探究各种各样的木材。

每个学生通过调查，形成了自己的调查报告。调查报告主要包括调查主题、调查目的、调查时间、调查方法、调查地点、调查经过、被调查人的重要观点、调查分析、调查结果等内容。

3. 合作交流确定制作主题

教师：大家进行了调查和信息收集，并对调查信息进行了分析，大家也对木工制作和工具有了初步的认识，我想大家在调查的过程中已有了想体验的欲望。大家想制作怎样的木工作品呢？每位同学根据自己的兴趣与小组的兴趣相结合，来确定小组的木工作品主题吧。

木工制作参考主题：桌子、板凳、相框、鸟巢、木盒、笔筒等木工艺术品的制作。

课堂小结：根据小组交流与讨论确定了四个木工制作小组——相框制作组、"鸟巢"制作组、木盒制作组、板凳制作组。小组根据确定的主题，制定本组研究方案；根据组员特长，按照记录、资料的收集与整理、实地考察、调查访问等，对任务进行分工。

教师深入各组，针对活动中可能遇到的困难以及思维上的薄弱环节，给予适当的点拨和指导。

（二）第二课时　设计木工制品方案、认识工具和操作流程

1. 小组合作探究方案设计

教师：每个小组都有了自己制作的主题，为了确保实践活动顺利进行，需要大家设计活动方案，活动方案的设计要具体、可操作。大家一定都有自己的设想，现在和你的小组成员一起交流设计你们的活动方案吧。

小组合作研究设计方案包括主题、课题、班级、指导教师、实践目标、组长、成员分配的任务、实践步骤、形成成果等。

教师：人类在劳动中创造了文明与财富，也在劳动中获得了知识与智慧。为了将来我们能够成为一名合格的劳动者，我们不能仅仅满足于书本知识的学习，还应该学习一些劳动技能，从实践体验中去获得知识与技能，大家充分发挥小组的集体智慧，互相合作，在这次木工劳动实践中创作出最好的作品。

2. 认识工具和操作流程

教师：将实践操作台中的木工工具与自己收集调查获得的知识相结合，认识这些工具的使用技巧，利用这些工具加工你们自己准备的木材，创作出你们小组的主题作品吧。

小组合作探究活动：认识工具，检查材料。

教师：大家能告诉我你手中工具的构成和使用方法吗？

A. 量具：a. 木折尺：长度测量及划线；b. 角尺：划线和测量制作件是否成直角。

B. 锯：a. 工字锯：锯割木料宜割直线；b. 钢丝锯：锯割薄木料并用于曲线的锯割。

C. 刨：a. 平刨：刨削木料粗糙表面使之平滑光洁；b. 槽刨：开槽。

D. 木锉：a. 板锉：锉平多余和不平整的部分；b. 柳叶锉：锉平多余和不平整的部分，适合曲线和孔状加工。

E. 羊角锤：是由锤头和锤柄两部分构成。锤头一头是圆形铁，一头扁平向下弯曲并且开V口呈羊角形，主要是用来敲击和拔钉。

学生操作过程中教师巡回指导，提醒安全操作：你们手中的工具很锋利，如果不小心或操作不当会发生安全问题，希望大家在使用的过程中一定小心谨慎，注意自己和他人的人身安全。

（三）第三课时　创作实践和成果展示

1. 自主创作活动

教师：经过大家的调查、资料收集，并了解了木材的加工方法和工具的使用技巧，我们各组也都有自己创作的主题，根据我们设计的活动方案，按照小组成员的分工，发挥小组的集体智慧，相互合作，积极配合，大家用自己的双手完成你们的主题作品吧。

小组合作动手制作。教师巡回指导。

教师：在大家的齐心协力、积极配合下，我们各组都已经完成了木工作品制作，现在我们有请各小组代表为我们汇报展示创作成果。

（四）成果汇报与展示

1. 相框制作组

学生：我们采用的是人工木板和木条，使用的工具是手板锯、钉子、胶水、羊角锤、刨子、彩笔、刷子、三角拐尺、铅笔等，我们的制作过程是先设计划线，再锯割，用刨子抛光，然后利用钉子和胶水连接组合，最后用彩笔和刷子着色。

教师：相框制作组的同学不仅对自己使用的木材和工具作了具体介绍，还对作品制作过程做了详细的讲解，让我们又多了一分收获，大家掌声表示感谢！有请鸟巢制作组的同学为我们做汇报展示。

2. 鸟巢制作组

学生：我们组从生活中选择了废弃的木板，利用了废弃木板的三合板制作了"鸟巢"，我们使用的工具有手板锯、黏胶水、刷子、凿子、小刀、铅笔、圆规、直尺等。我们先对木板划线、设计，然后锯割，用凿和小刀雕刻鸟巢门，然后再利用胶水连接组合而成，最后用彩笔和刷子着色。

教师：鸟巢制作组的同学在选材上注重了废物创新再利用，很有环保意识，并且还利用了我们学习中常用的圆规和小刀等学习工具，让工具使用空间也有了拓展，让我们耳目一新。大家掌声感谢！有请板凳制作组为大家做汇报展示。

3. 板凳制作组

学生：我们组在木工家具厂里选择了木工家具制作的下脚料——高密度板，并且请专业的木工技术师傅对木榫和榫孔的制作进行了指导。所以我们组获益匪浅。离开了他们的帮助，我们是制作不了这么漂亮的小板凳的。我们组感觉在榫孔和榫的制作中比较有难度，所以向大家分享我们组制作榫和榫孔的方法，我们以手板锯、凿、锤子、尺子、铅笔为主要制作工具，经过设计、划线、锯割、凿孔组合而成。榫孔在板凳面中的设计要注意对称，大小要匀称，榫头的设计要和榫孔的大小一致。

教师：板凳组的同学非常棒，善于请教专业人士解决高难度问题，并且还善于选择材料，注重能源节约，还向大家介绍了榫连接的方法和需要注意的地方。大家掌声感谢板凳组给我们带来的分享！有请木盒制作组为大家做分享。

4. 木盒制作组

学生：我们组选择了人工合成木板作材料，利用手板锯、凿、雕刻刀、斧头、刨子、铅笔、拐尺等工具，经过了对木材的设计、划线、锯割、凿榫、凿槽沟等程序。我们组在制作盒底和盒盖时采用了黏胶黏合，在构件组合时采用了榫连接、槽沟连接，所以我们组的木盒子采用了复合连接。我们组要特别感谢小红的爷爷，他爷爷之前是木工技术家具师傅，为我们组做了很多指导工作。

教师：木盒组的同学制作精美，在制作时注重采用了木工连接的多种方式，并善于向有技术专长的家长请教学习，这值得我们大家学习。大家掌声感谢木盒组为我们带来的成果分享。

教师总结：在这次实践活动中，同学们表现得非常出色，能够积极参与实践，相互合作，并利用多种途径和方法去开展研究活动，充分发挥个人的主观能动性和创造力，善于向家长和技术专长的社会人士请教，所以才有了我们今天这节课丰富的成果展示。希望大家在今后的学习中继续发挥长处，努力学习，将来成为一名知识与技术兼备的优秀劳动者，用我们的智慧和劳动让我们的生活变得更加美好！

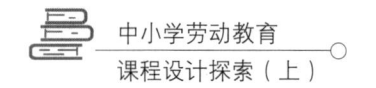

我们的活动结束了。在这次活动中，你有怎样的表现呢？参照活动评价表格给自己一个评价吧，并邀请组长、老师、家长分别对你的表现进行评价。

六、总结评价

（一）学生总结评价

学生评价自己在本次劳动教育活动中是否通过实践体验等达到了自己初步设定的目标，是否树立了正确的劳动观念，培养了热爱劳动、尊重劳动成果的情感。

（二）成果展示交流

评选出优秀的劳动成果并展示出来，比一比谁的成果完成得最好，并请表现优秀的学生分享自己的成功经验，讲述在劳动活动过程中遇到的困难以及克服困难的方法。

（三）教师总结评价

教师对学生的成果进行评价，评选优秀的成果并做出分析；对本次劳动活动进行总结。

中小学劳动教育课程设计探索
（中）

主　编　孙　亮　刘朝杨　赵　敏
副主编　徐显平　郭永昌　杨国成

西南交通大学出版社
·成都·

图书在版编目（CIP）数据

中小学劳动教育课程设计探索. 中 / 孙亮，刘朝杨，赵敏主编. --成都：西南交通大学出版社，2023.12
ISBN 978-7-5643-9636-7

Ⅰ. ①中… Ⅱ. ①孙… ②刘… ③赵… Ⅲ. ①劳动教育 – 教学设计 – 中小学 Ⅳ. ①G633.932

中国国家版本馆 CIP 数据核字（2023）第 241110 号

目 录

厨房小当家 …………………………………… 077

叠衣服 ………………………………………… 082

缝沙包 ………………………………………… 086

黄瓜拌木耳 …………………………………… 090

饺子诞生记 …………………………………… 093

西红柿炒鸡蛋 ………………………………… 097

石磨 …………………………………………… 101

我会洗餐具 …………………………………… 105

洗红领巾 ……………………………………… 108

宠物犬的饲养 ………………………………… 111

制作小音响 …………………………………… 115

学做腊肉豇豆包 ……………………………… 120

家常泡菜 ……………………………………… 126

妈妈的一天 …………………………………… 135

创建绿色家庭　打造美丽阳台 ……………… 137

厨房小当家

一、课程说明

国家《义务教育劳动课程标准（2022年版）》要求，中小学生要学会简单的烹饪劳动技能，本课程通过对学生进行简单烹饪技能的教育，让学生掌握炒菜的基本方法，学会烹饪简单的饭菜，并能尝试烹饪一道地方特色菜肴。通过本课的学习，学生在感受家务劳动乐趣的同时，学会为家人分担家务劳动，树立劳动最光荣、劳动最伟大的劳动价值观。

二、课程目标

- 劳动观念：知道做菜是必备的生活劳动技能，懂得作为家庭成员，为家人分担劳动是学生应尽的义务，体会劳动创造的快乐美好生活，树立正确的劳动观念。
- 劳动技能：掌握炒菜的基本方法，学会烹饪简单的饭菜，并尝试烹饪一道地方特色菜肴。研究美食制作，提升烹饪技能。
- 劳动品质：在日常生活中养成劳动的习惯，形成以劳动为荣、以懒惰为耻的价值观。
- 劳动精神：学习基础的烹饪技术，为家人做自己力所能及的事情，抵制好逸恶劳、贪图享受、不劳而获、奢侈浪费等恶习。

三、适用学段

小学学段。

四、课前准备

（一）知识准备

提前了解烹饪、炒菜的相关知识。

（二）工具准备

提前准备好烹饪工具。

（三）安全事项

在课程活动过程中，注意安全、有序开展课程活动，合理使用烹饪用具，安全用火，避免意外事故。

五、教学过程

（一）情境导入

中国有句俗语叫作"民以食为天"。同学们，在你的家乡，日常餐桌上都有哪些美食呢？你吃过下面的菜肴吗？

- 清炒莲藕片
- 炝炒土豆丝
- 西红柿炒蛋
- 芹菜炒香干
- 木耳炒山药
- 尖椒炒牛肉
- 西蓝花炒虾仁

"炒"是我们中国菜最常用的烹饪方法。在锅里放上油、调料和食材，进行翻炒就能做出一道道美味的菜肴。品尝美食能带给我们愉悦的享受，品尝自己亲手制作的美食别有一番滋味哦！让我们一起动手学习炒菜吧！

（二）学习新知

1. 厨房里的秘密

（1）认一认。

你能照样子说出下面这些厨具的名称和用途吗？

蒸锅：下层锅加水，上层锅放食物，水蒸气透过上层锅的孔洞来蒸熟食物，可以用来蒸馒头、蒸包子、蒸鱼等。

炖盅：把食物放进炖盅，再把炖盅放入盛有水的锅中，保持水沸腾就能炖熟食物。

擦丝器：可把瓜果擦成丝状或条状。

擀面杖：在揉好的面团上来回滚动，将其擀成扁平的薄面皮，可制作饺子皮、馄饨皮、包子皮等。

（2）写一写。

你还知道哪些厨具？（名称、用途）

（3）说一说。

炒菜时使用的调料可让菜肴呈现咸、酸、香、辣等口味。你知道在炒什么菜的时候要用到调料吗？说一说你知道哪些调料。

2. 挑选择洗有学问

中国人日常以五谷作为主食，蔬菜是必不可少的。不管餐桌上有着多么丰盛的肉食，总得加上一道蔬菜才算完美。

（1）跟父母一起上菜市场或超市，学习如何挑选蔬菜。（比一比、看一看、摸一摸、做一做）

（2）择洗蔬菜。

① 择洗绿叶青菜前先切掉菜根。

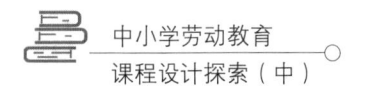

② 把黄的、有虫眼的、坏的菜叶去掉。
③ 把青菜掰开成一片片，洗掉泥沙，并放入洗菜盆中用水浸泡。
④ 清洗蘑菇类可以先择掉伞柄。
⑤ 再把蘑菇放在盐水中浸泡 10 分钟，这样就容易清洗干净了。土豆、丝瓜等带皮的蔬菜可以用刮皮刀去皮。

3. 我来学炒菜

同学们，我们就从烹饪一道蔬菜开始学习做菜吧，比比谁是"中华小厨神"。

素炒圆白菜

（1）想一想。

需要准备什么主料和调料？哪些食材是家中有的，去哪儿购买缺少的食材？

圆白菜有好多个名称，例如甘蓝、卷心菜、包菜、莲花白、包包白、洋白菜、椰子菜等，在你的家乡它叫什么名称呢？

（2）做一做。

① 准备主料：圆白菜。准备调料：植物油、盐、花椒、姜、蒜、红辣椒。
② 将圆白菜掰开洗净沥干，用手撕成块状或用刀切成条状。
③ 将辣椒洗净切条状，将姜、蒜去皮切成片或丝状备用。
④ 开火热锅，倒油，放入花椒、姜蒜、红辣椒爆香。
⑤ 放入圆白菜后进行翻炒，将圆白菜炒至变软后加盐，再适当炒匀。
⑥ 出锅装盘。
⑦ 从"素炒圆白菜"的烹饪过程中总结出炒菜的基本流程。

（3）试一试。

多种食材组合搭配，做出不同风味的菜肴。

（4）想一想。

有些青菜炒之前要焯水，例如豆角、菠菜、西蓝花等。你知道还有哪些蔬菜需要焯水？为什么要焯水？

你还学会了炒什么菜，记录下来和同学们一起分享。

4. 地方菜肴我学做

在你的家乡，一定也有各种特色美食。选择一道家乡的地方特色菜，学着做一做。

5. "我爱厨艺"交流会

在班级开展美食成果交流会，与同学们分享烹饪过程中学到的知识、经历的趣事、难忘的感受等。可以展示自己做菜的图片或视频，也可以将自己亲手烹饪的美食带到班级与大家分享。

六、总结评价

（一）学生总结评价

学生评价自己在本次劳动教育活动中是否通过实践体验等达到了自己初步设定的目标，是否树立了正确的劳动观念，培养了热爱劳动、尊重劳动成果的情感。

（二）成果展示交流

评选出优秀的劳动成果并展示出来，比一比谁的成果完成得最好，并请表现优秀的学生分享自己的成功经验，讲述在劳动活动过程中遇到的困难以及克服困难的方法。

（三）教师总结评价

教师对学生的成果进行评价，评选优秀的成果并做出分析；对本次劳动活动进行总结。

七、拓展延伸

周末，跟着家人学习做一道拿手好菜。先听家人讲讲这道菜肴是怎么做的，再在他们的指导和帮助下，动手做一做。请家人品一品，评一评你的厨艺是否有进步。不要忘了努力研制美食，要经常进厨房做家长的小帮手，每进行一次烹饪练习，就在"日常生活劳动打卡记录表"上如实记录一次。

叠衣服

一、课程说明

随着年龄的增长，小朋友们逐渐从老师和家长的小跟班变成了小大人，他们更愿意主动当大人的小帮手，并从中体会劳动的快乐。本节课内容主要通过"叠衣服"的课程活动，教学生掌握叠衣服的基本方法和技能。衣服是孩子们最熟悉的生活必需品，学生在进行整理时容易产生亲近感，利于提高学习兴趣。学生在"学中做，做中学"的过程中明白生活处处有学问，养成有条理地整理物品的习惯。

二、课程目标

● 劳动观念：掌握生活劳动技能，懂得作为家庭成员，为家人分担劳动是学生应尽的义务，体会劳动创造的快乐美好生活，树立正确的劳动观念。

● 劳动技能：学习叠衣服的基本方法，掌握基本的生活技能，提高自理能力。

● 劳动品质：在日常生活中养成劳动的习惯，形成以劳动为荣、以懒惰为耻的价值观。

● 劳动精神：学习叠衣服的技巧，为家人做自己力所能及的事情，抵制好逸恶劳、贪图享受、不劳而获、奢侈浪费等恶习。

三、适用学段

小学学段。

四、课前准备

一条裤子、一件上衣、一件毛衣。

五、教学过程

（一）谈话引入

同学们，将衣物叠放整齐可以使我们的衣服方便存放，方便找寻使用，节省存放衣服的空间，衣服不容易起褶皱，穿着感觉更加舒服，今天老师要教大家学习叠衣服。

（二）学一学

1. 学习叠裤子

步骤和要领：

（1）把裤头纽扣扣好。

（2）把裤子放在桌子上，将两只裤腿的烫迹线对齐后，用手抚平。

（3）从裤脚到裤腰对折后再对折一下即可。

2. 学习叠上衣

步骤和要领：

（1）把上衣纽扣扣好。

（2）把上衣反向铺在桌子上，用手抚平。

（3）取肩宽的六分之一宽度，叠一条直边直到衣脚。

（4）把袖子往衣背里叠。

（5）叠另外一边的方法与2、3、4点相同。

（6）以包住袖子下方为度，把衣服往上叠。

3. 学习叠毛衣

步骤和要领：

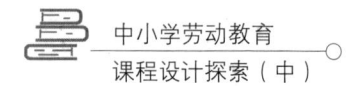

（1）把需要叠的毛衣平整放好。
（2）把毛衣对折好。
（3）再将毛衣的袖子与下摆对折好。
（4）将毛衣下摆往上折三分之一。
（5）把毛衣上面部分往毛衣下摆口套入。

（三）练一练

注意事项：
（1）折叠之前要把衣服、裤子和毛衣整理平整。
（2）折叠的位置可根据折叠效果选择。
（3）折叠好的衣物要按穿着需要分类、整齐摆放。

（四）比一比

举行小组赛和班级赛。

六、总结评价

（一）学生总结评价

学生评价自己在本次劳动教育活动中是否通过实践体验等达到了自己初步设定的目标，是否树立了正确的劳动观念，培养了热爱劳动、尊重劳动成果的情感。

（二）成果展示交流

评选出优秀的劳动成果并展示出来，比一比谁的成果完成得最好，并请表现优秀的学生分享自己的成功经验，讲述在劳动活动过程中遇到的困难以及克服困难的方法。

（三）教师总结评价

教师对学生的成果进行评价，评选优秀的成果并做出分析；对本次劳动活动进行总结。

七、拓展延伸

上网查询,还有哪些更好的折叠衣服的方法和技巧?学习其中一种方法,并分享给同学们,比一比谁的方法更简单、更有用。回到家后收拾整理自己的衣物,并向父母展示叠衣服的效果。

缝沙包

一、课程说明

　　沙包是我国中小学体育课上用以练习投掷的一种器材，一般在用厚布织成的小袋中填入干黄沙。沙包体积稍大于棒球。沙包不仅是一项体育游戏，而且可以通过说、唱、画、捏、数等认知活动来进行各领域的教育活动，既丰富了幼儿的活动内容，又可培养幼儿热爱民间艺术活动的情感。本节课内容主要通过"缝沙包"的活动，教学生使用针线，学习裁剪和缝补的基本方法和技能。动手制作沙包有利于提高学生的学习兴趣，提高学生的生活劳动技能。学生在"学中做，做中学"的过程中明白生活处处有学问，养成动手动脑、积极劳动的好习惯。

二、课程目标

　　●劳动观念：掌握生活劳动技能，动手动脑，积极劳动，体会劳动创造的美好生活，树立正确的劳动观念。

　　●劳动技能：学习手工针缝的平针、回针和斜针三种针法，并能利用提供的材料设计制作简单的沙包，提高动手能力。

　　●劳动品质：培养学生对制作和设计手工制品的兴趣，增强创新意识和动手能力，培养认真、细心的习惯。

　　●劳动精神：学习缝纫技巧，抵制好逸恶劳、奢侈浪费的不良生活习惯。

三、适用学段

小学学段。

四、课前准备

课件、剪刀、布块、针线、少许大米等。

五、教学过程

（一）谈话引入

（看玩沙包的视频）同学们，你们想拥有一个属于自己的沙包吗？想要自己动手制作一个沙包吗？今天老师就教大家制作小沙包。（板书课题）

缝沙包需要什么材料呢？（出示材料包）

（二）学一学

1. 学习裁剪布块

步骤和要领：

（1）把布平铺在桌上。

（2）在布的左下方画边长 6 厘米的正方形，然后沿着线剪下来。

（3）把剩下的布对折再对折，然后把剪好的布铺在对折的布上，剪成大小一样的布块。

2. 学习穿针和打结

步骤和要领：

（1）把线剪一段下来，不宜太长，30 厘米左右。

（2）把针拿在左手，线拿在右手，自己尝试把线穿入针眼，让先穿好的孩子说技巧。

（3）对照图片与老师的讲解学习打结。

3. 学习缝沙包

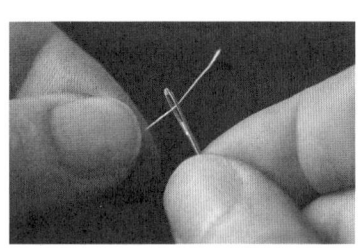

步骤和要领：

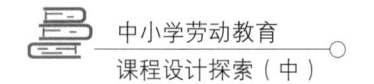

（1）先取两块布，重合在一起，然后把它们的一条边缝在一起。

（2）再把4块布依次缝在一起，使它们成为一个正方体。

（3）将剩下的两块布缝在刚刚缝的正方体的底端和顶端，留一条边不缝。

（4）从留着的边把沙包皮翻面，然后往里面装入大米，再把最后一条边缝合。

（三）练一练

按照示范顺序练习缝沙包。

注意事项：

1. 不能把剪刀对着同学挥舞，也不能把针尖对着同学。
2. 缝沙包时每一针距离不能太远。
3. 大米不要装得太多。

（四）比一比

举行小组赛和班级赛。

（五）结束语

今天大家都学会了缝沙包，今后还要学会自己的事情自己做，在家里主动帮助爸爸妈妈做力所能及的家务活，锻炼和提高自己的生活能力。让我们从身边的小事做起，养成良好的生活习惯。

（六）布置作业

其实沙包不仅仅是方形的，大家开动脑筋，发挥想象，设计自己喜欢的形状，做一个创意沙包，下节课展示评比。

六、总结评价

（一）学生总结评价

学生评价自己在本次劳动教育活动中是否通过实践体验等达到了自己初步设定的目标，是否树立了正确的劳动观念，培养了热爱劳动、尊重劳动成果的情感。

（二）成果展示交流

评选出优秀的劳动成果并展示出来，比一比谁的成果完成得最好，并请表现优秀的学生分享自己的成功经验，讲述在劳动活动过程中遇到的困难以及克服困难的方法。

（三）教师总结评价

教师对学生的成果进行评价，评选优秀的成果并做出分析；对本次劳动活动进行总结。

七、拓展延伸

"丢沙包"曾经风靡南北，是一个经典的群体性游戏，极受欢迎。

沙包用碎布及针线缝成、用米或细沙塞满的沙包是用作武器"投杀"对方的。在规定场地内，前后各一名投手用沙包投击对方，被击中者要罚下场；若被对方接住，则此人可以增加"一条命"，或者让一个本已"阵亡"的战友重新上场。

黄瓜拌木耳

一、课程说明

本课内容先呈现真实的食材，激发学生兴趣，然后引导探究、研讨做法，然后通过师生一起烹饪菜肴再进行分享，体会劳动带来的快乐，最后拓展延伸，回家后给家人做一道简单的凉菜。

二、课程目标

● 劳动观念：掌握生活劳动技能，懂得作为家庭成员，为家人分担劳动是学生应尽的义务，树立正确的劳动观念，体会劳动创造的美好生活。

● 劳动技能：掌握黄瓜拌木耳的做法，能够做出色泽、香味、味道、形态俱佳的黄瓜拌木耳。

● 劳动品质：通过自己动手制作黄瓜拌木耳这一家常菜，增强服务他人的意识，体会分享的快乐。

● 劳动精神：学会简单的家常菜肴，动手分担家务，做父母的小助手。

三、适用学段

小学四年级。

四、课前准备

食材：提前泡发好的木耳、黄瓜片。

调味料：醋、香油、盐、糖。

其他：热水、筷子、盘子、碗等。

五、安全事项

遵守课堂纪律，不乱动东西。

六、教学过程

（一）呈现美食，激发兴趣

让学生观察造型美观、色彩鲜艳的凉拌菜，提问：同学们，你们吃过哪些凉拌菜？

拿出已做好的黄瓜拌木耳，请同学们看一看、闻一闻、尝一尝后，试着评一评老师做的黄瓜拌木耳。

（二）引导探究，研讨做法

观看视频，思考：什么是"适量和少许"？

总结黄瓜拌木耳的做法重点，交流黄瓜拌木耳的具体做法。

（三）师生同步，一起操作

（1）泡发好的木耳在热水中焯一下，捞出后过凉水，撕成小片。

（2）将黄瓜片和木耳放入盘中，稍微放点盐，取出水分。

（3）在一个小碗里倒入适量醋、香油和少许糖，搅拌均匀，作为调味汁。

（4）将黄瓜、木耳、调味汁混合拌匀。（提示：可以根据自己的口味，进行"二次调味"）

（5）摆盘：将拌好的黄瓜和木耳放入盘中，再试着做个造型。

（6）学生分小组按步骤操作。

（7）展示自己做的黄瓜拌木耳，并分享给其他小组。

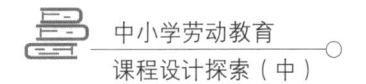

（四）乐于分享，体会快乐

（1）品尝其他组的黄瓜拌木耳，并试着从色泽、香味、味道和形态等方面进行评价。

（2）班级交流

① 评价其他组的黄瓜拌木耳。

② 适时请被评价者谈感受。

七、总结评价

（一）学生总结评价

学生评价自己在本次劳动教育活动中是否通过实践体验等达到了自己初步设定的目标，是否树立了正确的劳动观念，培养了热爱劳动、尊重劳动成果的情感。

（二）成果展示交流

评选出优秀的劳动成果并展示出来，比一比谁的成果完成得最好，并请表现优秀的学生分享自己的成功经验，讲述在劳动活动过程中遇到的困难以及克服困难的方法。

（三）教师总结评价

教师对学生的成果进行评价，评选优秀的成果并做出分析；对本次劳动活动进行总结。

八、拓展延伸

本节课，我们只探究了黄瓜拌木耳的做法。其实，凉拌菜还有许多种做法，有待大家去研究。回到家里，请同学们继续运用各种方法去探究，充分发挥自己的想象力，亲自动手创作几道色、香、味、形俱全的特色凉拌菜给家人品尝。

饺子诞生记

一、课程说明

饺子，又名"饺饵"，有水饺、蒸饺、煎饺等分类，是中国的古老传统面食之一，相传是中国东汉南阳医圣张仲景发明的，距今已有一千八百多年的历史了。在包饺子时，人们常常将金如意、糖、花生、枣和栗子等包进馅里，吃到如意、糖的人，来年的日子更甜美；吃到花生的人将健康长寿；吃到枣和栗子的人将早生贵子。有些地区的人家在吃饺子的同时，还要配些副食以示吉利。比如吃豆腐，象征全家幸福；吃柿饼，象征事事如意；吃三鲜菜，象征三阳开泰。南方有些地方过年时会打散鸡蛋后加热做外皮包上肉馅，称为蛋饺。包饺子简单易操作，符合小学生的认知发展规律，易于激起学生的劳动热情，有利于培养学生良好的劳动、卫生习惯，提高动手实践能力。

二、课程目标

- 劳动观念：掌握基础烹饪技能，为家人分担劳动，树立正确的劳动观念，体会劳动创造的美好生活。
- 劳动技能：掌握饺子加工、制作、烹饪等基本技能，提高学生解决实际问题的能力。
- 劳动品质：养成良好的劳动和卫生习惯；培养学生热爱劳动的良好品质。
- 劳动精神：学会简单的家常菜肴，动手分担家务，做父母的小助手。

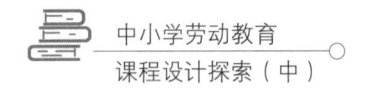

三、适用学段

小学学段。

四、课前准备

（一）知识准备

1. 如何防止包饺子的时候饺子破皮？

（1）在和面的时候放一点盐。

（2）醒面的时候多揉几下，增加面的筋力。

（3）下饺子的时候火不要太大。

（4）包饺子的时候馅适量就可以。

2. 如何防止饺子装盘时粘连？

（1）可以在盘子上刷点油。

（2）煮熟后饺子过一遍温水。

3. 怎样判断饺子煮熟了？

（1）饺子滚三滚，看到饺子肚皮鼓起，浮出水面。

（2）可以亲自尝一尝。

（二）工具准备

工具：锅、漏勺、筷子、擀面杖、碗、刀、面板。

饺子皮：面粉、水、酵母粉、盐。

馅料：韭菜、鸡蛋、虾仁、香油、鸡精、十三香、蚝油。

（三）安全事项

在用刀剁馅、切面时可以由教师演示，学生观看。

在煮饺子之前给学生强调用火安全，煮饺子时要小心烫伤，吃饺子前先晾凉。

五、教学过程

（一）制作饺子皮

（1）揉面：先把面粉放在盆里，清水一点一点地倒，边倒边用筷子不停地搅动，使面粉成一个个小面块。变成面块后，用手试试，不要太硬也不要太软。

（2）醒面：把小面块揉成面团，揉之前放一点发酵粉，揉好之后盖上保鲜膜，醒发20分钟。

（3）二次揉面：醒发好后揉出里面的大气泡，直到面团表面光滑。

（4）切面：用刀在面团上切下一块面（此步骤由教师完成），用手搓成长条，用刀子切成一个个大小均匀的小剂子。

（5）擀面：在面板上撒少量面粉，把切好的小剂子，用手掌压扁，一手拿擀面杖，一手拿面剂子，用擀面杖随面团转动而擀动，遵循边缘薄、中间厚的原则。

（二）制作饺子馅

（1）洗菜：韭菜洗干净，甩干水分，放在一个盆子里晾干，切碎（切韭菜步骤由教师完成）；虾仁用温水洗去杂质，切碎。

（2）炒鸡蛋：鸡蛋加少许盐打散，开火，锅里放油，烧热，倒入鸡蛋，用筷子迅速搅散，盛出。

（3）和馅：将炒熟的鸡蛋、虾仁和韭菜放在一起，加盐、香油、十三香、蚝油后搅拌。

（三）包饺子

将饺子馅放入皮中央，不要放太多馅。先捏中央，再捏两边。然后由中

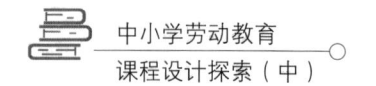

间向两边将饺子皮边缘挤一下，这样饺子下锅时不容易漏汤。

（四）煮饺子

煮饺子方法：开水下锅，用汤勺的背面推动饺子，让煮饺子的水形成漩涡，以免饺子粘连。下完饺子后煮三开，每煮开一次，加一碗凉水，目的是防止饺子皮煮破，同时饺子馅可以充分煮熟。用漏勺捞出饺子，尽量控干水，放在盘子中，趁热吃。

六、总结评价

（一）学生总结评价

学生评价自己在本次劳动教育活动中是否通过实践体验等达到了自己初步设定的目标，是否树立了正确的劳动观念，培养了热爱劳动、尊重劳动成果的情感。

（二）成果展示交流

评选出优秀的劳动成果并展示出来，比一比谁的成果完成得最好，并请表现优秀的学生分享自己的成功经验，讲述在劳动活动过程中遇到的困难以及克服困难的方法。

（三）教师总结评价

教师对学生的成果进行评价，评选优秀的成果并做出分析；对本次劳动活动进行总结。

西红柿炒鸡蛋

一、课程说明

本课教学内容贴合学生生活实际，符合《义务教育劳动课程标准》。新课程标准强调教育活动要源自学生对实际生活的认识、体验和感悟。劳动教育旨在让学生在活动中习得劳动技能，本节课内容将理论学习和动手实践相结合，让学生通过学习做西红柿炒鸡蛋这道家常菜掌握基本劳动技能，提高学生的生活自理能力，并培养优良的劳动品质。

二、课程目标

● 劳动观念：掌握基础烹饪技能，为家人分担劳动，树立正确的劳动观念，体会劳动创造的美好生活。

● 劳动技能：认识基本的厨房工具，了解西红柿、鸡蛋的营养价值。基本掌握做西红柿炒鸡蛋的流程，学会清洗蔬菜，学习基本的食品卫生知识。

● 劳动品质：养成良好的劳动和卫生习惯。

● 劳动精神：学会简单的家常菜肴，为父母分担家务，提高学生的生活自理能力，做父母的小助手。

三、适用学段

小学学段。

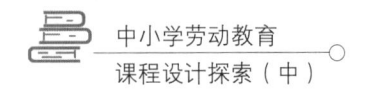

四、课前准备

（一）知识准备

认识西红柿、鸡蛋，了解西红柿炒鸡蛋这道菜。

（二）工具准备

材料：鸡蛋、西红柿、葱、油、盐、白糖。
工具：菜刀、案板、锅、铲子、筷子、盘子。

（三）安全事项

刀具是一种危险的工具，在使用时一定要格外小心。轻轻拿刀，慢慢切。不能用刀对着别人，与别人交流时，把刀放在案板上。把刀递给别人时，先将刀放在桌子上，另一个人再将刀拿起。

火炉周围温度较高，小心烫手。

五、教学过程

（一）认识食材，爱上美食

西红柿：丰富多样的营养，美观迷人的外形，它既是菜中佳味，又是果中美品，有多种功用，被称为神奇的菜中之果。西红柿用来消暑解渴可与西瓜媲美，由于有机酸的保护，在贮存和烹调过程中，它所含的维生素 C 不易遭到破坏，人体利用率很高。因此常吃西红柿有很多好处。

鸡蛋：鸡蛋的营养素含量是非常可观的，且营养素极易被人体吸收，所以每天吃鸡蛋对人体有很大的益处。

（二）走进厨房，准备材料

1. 准备西红柿块

（1）清洗西红柿并去皮。

先将西红柿洗净去蒂，在西红柿顶端切十字刀。再用开水从上而下地淋西红柿，1~2分钟后，将西红柿皮从十字刀口处剥下。（教师先示范去皮，再由学生完成）

（2）切西红柿块。

将西红柿对半切开，切成小块，装盘备用。

2. 准备鸡蛋液

（1）将鸡蛋洗净，打入碗中。教师示范操作打鸡蛋：右手轻拿鸡蛋，在台面上轻轻自上往下敲打几下。一定要注意力度，防止蛋壳破裂处太大导致蛋液滑落。打出一个小口，两手食指和拇指捏住鸡蛋，置于碗的上方，用拇指向里稍微用力掰，蛋液便会落到碗中。

（2）将鸡蛋液打散，搅拌均匀，筷子张开一定角度，顺着一个方向搅拌。

（3）将少许食盐溶解在温水中，再将温水加入鸡蛋液中并搅拌均匀，这样鸡蛋更松软滑嫩。

3. 准备葱花

将葱清洗干净，切成葱花装入盘中。

温馨提示：在切菜时，一般用左手按稳食材，右手持刀，将菜刀垂直向下，既不向外推，也不向里拉，笔直地切下去。

（三）实践操作，炒西红柿鸡蛋

（1）热锅倒油（教师讲解示范，倒油时确保锅内无水）。油冒少量烟时，将鸡蛋液倒入翻炒。

（2）鸡蛋成形，盛出备用。

（3）再次热锅倒油，炒西红柿。

（4）西红柿炒出汤汁，加入炒熟的鸡蛋。

（5）加入盐、少许白糖翻炒出锅。

（6）装盘后，撒入葱花。

温馨提示：在炒菜过程中，请一定要注意安全，与油锅保持一定距离，避免油点溅到身上。

（四）分享劳动成果

将做好的西红柿炒鸡蛋与同学分享。

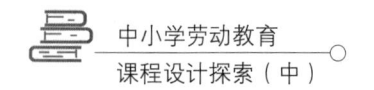

六、总结评价

（一）学生总结评价

学生评价自己在本次劳动教育活动中是否通过实践体验等达到了自己初步设定的目标，是否树立了正确的劳动观念，培养了热爱劳动、尊重劳动成果的情感。

（二）成果展示交流

评选出优秀的劳动成果并展示出来，比一比谁的成果完成得最好，并请表现优秀的学生分享自己的成功经验，讲述在劳动活动过程中遇到的困难以及克服困难的方法。

（三）教师总结评价

教师对学生的成果进行评价，评选优秀的成果并做出分析；对本次劳动活动进行总结。

七、拓展延伸

除了和鸡蛋组成黄金搭档，其实西红柿还有许多其他做法，你们知道吗？回家后请给爸爸妈妈做一盘香喷喷的西红柿炒鸡蛋，让爸爸妈妈品尝一下，并拍照分享到班级群里。

石磨

一、课程说明

石磨是一种把米、麦、豆等粮食加工成粉、浆的器具,通常由两个圆石构成。磨是平面的两层,两层的接合处都有纹理,粮食从上方的孔进入两层中间,沿着纹理向外运移,在滚动过两层面时被磨碎,形成粉末。本课程在于让学生认识传统豆类、玉米的加工工具——大石磨,体验豆类、玉米的加工过程,了解传统加工工具的特点,学会石磨的操作方法,同时感受加工工具的时代变迁。

二、课程目标

● 劳动观念:通过体验石磨加工豆类、玉米的过程,感受旺苍北部山区老百姓主食——玉米的家庭加工方式。

● 劳动能力:学习在破碎加工中如何省力,如何实现破碎加工的作物粗分类,会使用石磨进行简单的加工。

● 劳动习惯和品质:认识到石磨加工的劳累、烦琐,了解石磨加工在人力、畜力方面的安全操作规范。

● 劳动精神:体验石磨加工的艰辛,学习粮食粉碎加工工具由石磨到粉碎机、再到破壁机的时代演变。

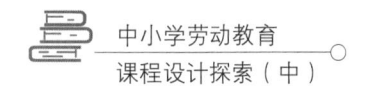

三、适合学段

小学五、六年级。

四、课前准备

（一）知识准备

学生查阅资料，认识石磨的起源、构造、演变、功能，初步认识农业农具与生产生活的关系，重点是石磨这种粉碎类加工工具。

（二）工具准备

石磨、磨杆、绳子、玉米20斤、水。

（三）安全事项

做好劳动安全教育，要规范操作，防止劳动中的意外伤害事故。

五、教学过程

（一）导入

教师：旺苍积淀了古老的农业文明，农具已经成了一种记忆的符号和信息。让我们走进学校川北农具展览体验馆，去了解那一段文明的记忆。

播放学校农具馆短视频，初步感知这些农具对农业生产生活的影响。交流自己了解的有关农具的知识。

（二）探索

（1）观察大石磨的结构，材料。推测其制造过程与成本，填写学习单。

（2）认识大磨的结构：磨杆、石磨上片、石磨下片、磨眼、磨箅子、蒙眼壳儿、绳子等。推测磨的重量1000斤左右，材料是坚硬、耐磨的石头。预计加工约需要10个工时，折合当时工资1000元左右。

（3）体验用大磨加工。制定劳动方案并优化（学生小组合作完成一次加工）。

（4）猜想旧时人们怎么利用大石磨加工粉碎粮食。（以玉米为例）了解构造与功能，认识石磨在当时所起的作用。石磨运转需要的动力（畜力、人力）。

本次体验用人力来进行实验。（玉米 20 斤）

（5）在优化后的方案下体验石磨加工玉米的过程，并做好记录。关注磨箸子的数量与玉米破碎后颗粒大小的关系，探究怎样推磨更省力。

（三）拓展

1. 自主认识手磨加工

（1）手磨的制作原理是什么？
（2）手磨怎样操作最省力？
（3）完成一次手磨加工操作。
（4）进行一次手磨操作与大石磨加工的对比分析。

2. 认识大磨这种粉碎工具的演变（大磨—粉碎机—破壁机）

（1）播放视频，感受工具的变迁，认识劳动工具的创新创造。
（2）比较石磨、粉碎机、破壁机的构造特点、功能、用途。
（3）进一步查阅资料，了解粉碎工具的改变与人们生活水平的时代变化，明白工具的不断发展让人们的生活幸福指数提升。

六、总结评价

（一）学生总结评价

学生评价自己在本次劳动教育活动中是否通过实践体验等达到了自己初步设定的目标，是否树立了正确的劳动观念，培养了热爱劳动、尊重劳动成果的情感。

（二）成果展示交流

评选出优秀的劳动成果并展示出来，比一比谁的成果完成得最好，并请表现优秀的学生分享自己的成功经验，讲述在劳动活动过程中遇到的困难以及克服困难的方法。

（三）教师总结评价

教师对学生的成果进行评价，评选优秀的成果并做出分析；对本次劳动活动进行总结。

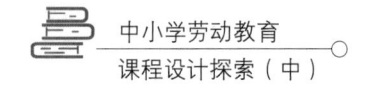

七、拓展延伸

学生课后制定一份破碎工具演变调查计划，完成一份调查报告，完成一次调查分析与展望。

家里有破壁机的同学完成一次使用破壁机的操作记录，在实践活动中了解调查粉碎类工具的现状及发展史，加深对工具改变生活的认识。

我会洗餐具

一、课程说明

洗餐具可以让学生树立起主动做家务的意识，防止养成饭来张口、衣来伸手的坏习惯，也有利于学生较早地树立自立自主的意识。本课程通过线上学习与线下实践相结合的方式，让学生了解洗餐具的操作要领，掌握洗餐具的方法，鼓励学生积极参加家务劳动。

二、课程目标

●劳动观念：掌握清洗餐具的技能，懂得作为家庭成员，应主动分担家庭劳动，树立正确的劳动观念，感受劳动创造的美好生活。

●劳动技能：了解餐具清洗的主要步骤和方法；动手实践，掌握洗餐具的操作要领。

●劳动品质：通过自己清洗餐具，提高服务他人的意识，体会劳动的快乐。

●劳动精神：学会清洗餐具，培养热爱劳动的精神，争当家务劳动小能手。

三、适用学段

小学学段。

四、课前准备

餐后餐具、洗洁精、抹布。

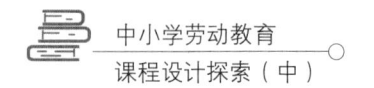

五、教学过程

爱劳动是我们中华民族的传统美德，要做新时代的"四有"新人，我们从小就要养成爱劳动的好习惯。除了学习文化课之外，你有没有帮妈妈做一些力所能及的家务活？今天我们就以洗餐具为例，讨论一下劳动这个话题。

（一）看图，出示课题

（1）看洗餐具的一组图片，总结洗餐具的主要过程。
（2）图片中的同学洗餐具主要分几个步骤？
（3）根据学生回答，老师小结并板书：浸泡、分类洗涤、洗筷子、洗后冲洗、分类叠放、洗锅。

（二）确定步骤

（1）结合自己实践经验，说说各步骤的要领。
（2）将结果填写在教师所发表格中。
（3）请学生交流学习情况。
（4）小结归纳操作要领。
① 浸泡时，滴洗洁精要根据餐具数量和油腻程度而定；
② 洗盆碗要用洗碗布裹住筷子搓洗，每根筷子都要洗到；
③ 洗锅要用丝瓜巾或百洁布洗刷；
④ 冲洗要分类，注意节约用水；
⑤ 餐具用干净抹布擦干，摆放要按大小类别叠放。

六、总结评价

（一）学生总结评价

学生评价自己在本次劳动教育活动中是否通过实践体验等达到了自己初步设定的目标，是否树立了正确的劳动观念，培养了热爱劳动、尊重劳动成果的情感。

（二）成果展示交流

评选出优秀的劳动成果并展示出来，比一比谁的成果完成得最好，并请表现优秀的学生分享自己的成功经验,讲述在劳动活动过程中遇到的困难以及克服困难的方法。

(三)教师总结评价

教师对学生的成果进行评价,评选优秀的成果并做出分析;对本次劳动活动进行总结。

七、拓展延伸

作为家庭的一员,我们应主动做家务活,为父母分担一些工作,所以老师希望你们能运用今天学到的本领,回到家里积极主动做一些力所能及的家务。当爸爸妈妈的小助手,做一个爱劳动、孝敬父母的孩子。

洗红领巾

一、课程说明

本课程旨在帮助学生树立热爱劳动、积极参加劳动的观念，在劳动的过程中养成不怕脏、不怕累的精神。设计洗红领巾这一活动的目的是引导学生掌握洗红领巾的基本方法，养成良好的生活习惯。课程开展过程中，利用直观形象的多媒体课件图片和讲练结合的方法，帮助学生理清洗红领巾的顺序和方法，从而能更好更快地掌握自我服务的能力。最后的儿歌朗读更好地让学生牢记应勤洗红领巾，养成良好的卫生习惯，同时激发学生对祖国的热爱之情。

二、课程目标

- 劳动观念：树立热爱劳动，积极劳动的观念，体会劳动创造的美好生活。
- 劳动技能：掌握洗红领巾的方法，提高生活自理能力。
- 劳动品质：自己动手洗红领巾，养成自己的事情自己做、热爱劳动的习惯。
- 劳动精神：在清洗红领巾的劳动过程中养成不怕脏、不怕累的精神。

三、适用学段

小学学段。

四、课前准备

(一) 知识准备

提前了解红领巾知识。

(二) 工具准备

课件、水盆、清水、肥皂、红领巾。

(三) 安全事项

清洗、拖地和洗涤过程中避免溢出水渍，防止摔倒。

五、教学过程

(一) 谜语导入，揭示课题

三角尖尖满身红，儿童有它多光荣。红旗一角放光彩，革命先烈血染成。（打一物）

关于红领巾，你们知道多少呢？老师这里有几道闯关题，你们敢接受挑战吗？我们一起来看看吧！

（1）猜一猜这些旗帜的名称？（同桌互相交流）

（2）红领巾代表什么？

（3）红领巾为什么是红色的？

同学们真聪明，都答对了！我们知道红领巾是国旗的一角，我们要爱护它。那么如果红领巾脏了，该怎么清洗呢？

(二) 动手操作，合作探究

提问：清洗红领巾要准备好什么工具？（水盆、清水、肥皂、衣架）

流程：浸泡—抹肥皂—搓洗—冲洗—拧干—晾晒。

总结：一泡二抹三搓四冲五拧六晒。

说一说：为了把红领巾洗得更加干净，你还知道哪些清洗小窍门？

① 用温水。

② 红领巾两面都要抹上肥皂。

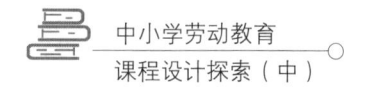

③ 用手搓、搓至出现绵密泡沫持续 1~3 分钟。

④ 搓的时候注意用拇指下方两侧手掌发力。

组织学生操作练习：注意课堂纪律，在规定时间内完成，将红领巾晾在桌前。

比一比：谁的红领巾洗得最干净，晾得最平整？

说一说：你是怎样洗红领巾的？

学儿歌：红领巾，天天戴。自己洗，自己晒。老师父母都喜爱。

六、总结评价

（一）学生总结评价

学生评价自己在本次劳动教育活动中是否通过实践体验等达到了自己初步设定的目标，是否树立了正确的劳动观念，培养了热爱劳动、尊重劳动成果的情感。

（二）成果展示交流

评选出优秀的劳动成果并展示出来，比一比谁的成果完成得最好，并请表现优秀的学生分享自己的成功经验，讲述在劳动活动过程中遇到的困难以及克服困难的方法。

（三）教师总结评价

教师对学生的成果进行评价，评选优秀的成果并做出分析；对本次劳动活动进行总结。

七、拓展延伸

（1）回家后再试着洗一洗其他的小物件，比如手帕、袜子。

（2）画一幅有关红领巾的手抄报。

（3）写一篇有关今天劳动教育的小日记。

宠物犬的饲养

一、课程说明

在日益发展的现代社会，宠物犬是许多家庭会选择的宠物类型。学会科学饲养宠物犬，是一件很有必要的事情。本课程以宠物犬的科学饲养方法为主题，坚持德育为首，坚持以长效性、结果性为原则，以"全面发展、立德树人、劳动为本"为培养目标，通过活动帮助学生更好地了解畜牧业、热爱畜牧业，开阔眼界、增长知识，加深与自然的亲近感。

二、课程目标

- 劳动观念：树立热爱劳动、积极劳动的观念，体会劳动创造的美好生活。
- 劳动技能：通过活动让学生了解宠物犬的类型和特点，知道哪些狗狗适合在家里饲养，正确喂养宠物犬。
- 劳动品质：通过活动让学生了解生活中保护小动物的做法，从珍爱小动物到珍爱生命。
- 劳动精神：通过此次活动对学生进行爱护小动物、尊重生命、关爱生命的教育。

三、适用学段

初中学段。

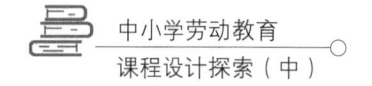

四、课前准备

(一) 知识准备

关于犬类的常识。

(二) 工具准备

歌曲《人类呀爱我吧》、图片、视频和影片。

五、教学过程

(一) 谈话导入，激发兴趣

播放歌曲《人类呀爱我吧》。

教师：大家喜欢听这首歌吗？说一说这是什么歌。

今天老师还带来了一些可爱的狗狗的图片与同学们分享，看完这些可爱的狗狗，你有什么想说的吗？接下来我们就以狗为话题上一节课。（贴狗的图片）

(二) 深入探讨，狗狗常识知多少

1. 了解狗狗的种类和特点

同学们对小狗这么喜爱，你们了解它们吗？关于狗狗你们了解些什么呢？

2. 掌握正确饲养方法，并了解饲养中的注意事项

你知道适合在家养的宠物犬有哪些吗？你家养宠物犬吗？以"我是小小饲养员"为内容，说说如何喂养宠物犬。

提示：

（1）你养的是什么宠物犬？

（2）你是如何饲养的？

（3）饲养时要注意些什么？

老师养的是中华田园犬，我搜集了狗狗不能吃的 10 种食物。（出示狗狗不能吃的 10 种食物，学生可以补充，让学生加深了解）

3. 了解狗狗的不同命运

听了大家的介绍，我真为这些狗狗高兴，它们幸运地遇见了你和你的家庭，但是还有一些狗却没有那么幸运。

（多媒体课件播放流浪狗的照片）看了照片你们有什么感受？什么原因使他们流浪在外呢？我们怎么才能帮助他们呢？

小结：相信有一天流浪狗的问题会得到妥善解决，我们要做好自己，在保护好自己的前提下，做力所能及的事情。善待动物，选择了饲养就要对它们负责任。

（三）生命无贵贱，领养代替购买

教师：（播放多媒体课件）这个小狗安安是老师去年 10 月末在救助站领养的。当时老师看到网上发布的领养信息，上面有联系电话，便打电话进行沟通，然后带着身份证去约定地点签领养狗狗的协议书，交相应的押金，留下我的联系方式，并接受回访。流浪狗领养后必须先到宠物医院检查身体，体内和体外都要进行驱虫，还要打疫苗。安安抱来的时候大约三个月大，在老师的眼里它就是一个小美女，安安的名字是救助它的姐姐起的，老师猜测姐姐是希望它能够平安长大，有个安稳幸福的家。

（四）暖心分享，提升爱心

看看发生在我们周围同学做的暖心的事。（播放多媒体课件）

张同学和爸爸赶集时，正好看见这只小狗被吊在树上。他求爸爸买下了小狗。现在这只小狗非常幸福，小主人给它起名叫"满满"，希望它生活幸福美满。

邢同学领养的流浪小黑狗是一个流浪的狗妈妈生下的四个小狗崽之一，猜测中途是被人抱走了。小黑失踪之后，狗妈妈和余下的小狗被救助。过了几天小黑又回来了。喜欢就抱走，觉得养狗是件麻烦的事就遗弃。这样做非

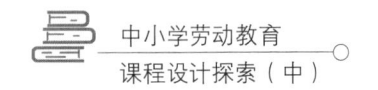

常没有责任感！邢同学知道后，和妈妈商量给小黑一个温暖的家，看看现在的小黑多幸福！（流浪狗妈妈和宝贝的前后对比照，再观看一段邢同学和小黑狗玩的小视频）

这张照片是赵同学喂养流浪猫。

姜同学经常喂养流浪猫狗，冬天的时候她和妈妈为猫做窝，给它们一个"温暖的家"。

这张照片是刘同学雪后喂麻雀。

六、总结评价

（一）学生总结评价

学生评价自己在本次劳动教育活动中是否通过实践体验等达到了自己初步设定的目标，是否树立了正确的劳动观念，培养了热爱劳动、尊重劳动成果的情感。

（二）成果展示交流

评选出优秀的劳动成果并展示出来，比一比谁的成果完成得最好，并请表现优秀的学生分享自己的成功经验，讲述在劳动活动过程中遇到的困难以及克服困难的方法。

（三）教师总结评价

教师对学生的成果进行评价，评选优秀的成果并做出分析；对本次劳动活动进行总结。

七、拓展延伸

用你今天学习到的知识，回家尝试正确喂养宠物犬，保护宠物犬，让宠物犬和你一起平安成长。

用你的实际行动去影响身边的亲人朋友一起来保护小动物。

制作小音响

一、课程说明

随着电器的出现，音响也孕育而生。人们在生产生活中离不开一些生活小家电，音响无论是在学习中，工作中都是我们必不可少的。此次课程将给学生讲解小音响的制作过程，使学生明白小音响的运行原理，自己动手制作简单的小音响，在劳动实践的过程中锻炼学生的动手能力，让学生体会到劳动带来的趣味以及成就感。

二、课程目标

- 劳动观念：通过制作音响的过程，培养学生对科技的热爱，锻炼学生的动手能力。
- 劳动技能：了解基础音响知识，掌握音响运作原理；认识制作音响的材料，学会正确制作音响。
- 劳动品质：了解基础的科学常识，养成劳动中的探究精神。
- 劳动精神：通过制作音响的过程，了解科学常识，培养对科技的热爱。

三、适用学段

初中学段。

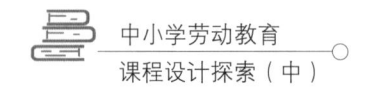

四、课前准备

（一）材料准备

多媒体、喇叭、音频头、功放板等。

（二）分组分工

每组三人，并对三人编号、分工。1号为组长，负责本组纪律、安全、卫生；2号为材料准备负责人，负责材料的摆放；3号为发言人，负责做活动记录和总结发言。各小组学生在组内可自由选择适合自己的角色，进行身份确认，对号入座。

五、教学过程

将音频头的胶套取下，把长杜邦线没有插头的一端穿过胶套，并将导线分别连接在音频头末端的长接触点和短接触点上。

为了避免音频头内导线短路，可用透明胶带将接线部分粘贴起来；然后把导线装进胶套内，并拧紧固定。

将组装好的音频线有插头的一端从纸筒底部穿入；接着把电池盒上的两根导线从纸筒底部穿入，并从纸筒口处拉出。

把短杜邦线分别连接在电池盒的两根导线上，并用透明胶粘贴接线处。

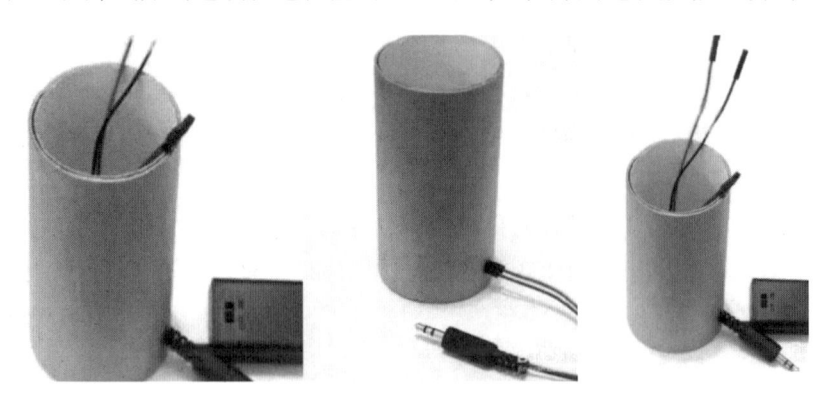

将喇叭放在喇叭外罩内，并把喇叭外罩上对应的两个插片弯曲卡在喇叭上，防止掉落。

将电池盒上的正极插头插在功放板上标有"5v"的针脚处,负极插头插在标有"GND"的针脚处(注:正负极不能接反);音频头上的插头分别插在标有"IN"和"AGND"的针脚处;喇叭上的插头分别插在标有"SP+""SP-"的针脚处。

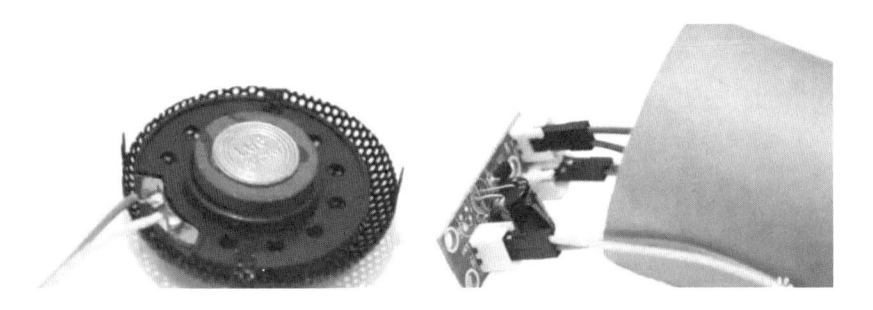

把连接好的线路放进纸筒内,并将音频头和电池盒上的导线从纸筒底部慢慢拉出,拉动的过程中要防止脱线。

把喇叭外罩上剩余的两个插片插在纸筒边沿位置,并压紧固定在纸筒口处。然后把贴纸贴在纸筒外面,自制音箱就完成了。

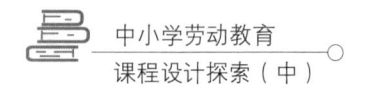

六、总结评价

（一）学生总结评价

学生评价自己在本次劳动教育活动中是否通过实践体验等达到了自己初步设定的目标，是否树立了正确的劳动观念，培养了热爱劳动、尊重劳动成果的情感。

（二）成果展示交流

评选出优秀的劳动成果并展示出来，比一比谁的成果完成得最好，并请表现优秀的学生分享自己的成功经验，讲述在劳动活动过程中遇到的困难以及克服困难的方法。

（三）教师总结评价

教师对学生的成果进行评价，评选优秀的成果并做出分析；对本次劳动活动进行总结。

各小组代表就下列议题分别发言。

小组学习评价表

	音响分类	运作正常	制作流程	综合等级
1				
2				
3				
4				
5				
6				
7				
8				
9				
10				
评价等级				

说明：A+为优秀，A为良好，B为合格，C为不合格。

七、拓展延伸

制作一个五彩缤纷的小音响。了解音响运作的原理。

学做腊肉豇豆包

一、课程说明

　　腊肉豇豆包子作为地方特色美食，学生熟悉又陌生。本课《学做腊肉豇豆包子》取材于日常生活，重视培养学生运用知识的能力，正确处理知识教学与技能训练的关系。本课设计结合学生的年龄特征和生活常识，采用直观讲解和操作演示相结合的教学方法，从了解地方特色美食入手，逐步掌握做豇豆腊肉包子的流程。学生从中学会做事情应有准备、顺序、条理、科学性等；在活动中感悟劳动带来的幸福感和成就感，在劳动中培养主人翁意识和责任感。

二、课程目标

　　●劳动观念：掌握基础烹饪技能，为家人分担劳动，树立正确的劳动观念，体会劳动创造的美好生活。

　　●劳动技能：学习包包子的基本技能，掌握传统泡菜的制作方法。

　　●劳动品质：通过自己亲自动手制作包子，让学生在体会快乐的同时，感受父母的艰辛和不易，从而懂得感恩。

　　●劳动精神：学会简单的食物制作方法、关注食品健康，动手分担家务，提高生活自理能力，做父母的小助手。

三、适用学段

小学学段。

四、课前准备

（一）知识准备

地方特色美食的视频以及蒸馒头的教程。

（二）器材准备

豇豆、五花腊肉、小葱、生姜、面板、水、面粉、酵母、蒸锅、刀、盆、电磁炉、各种调料。

五、教学过程

（一）创设情境，激趣导入

（1）观看视频，说一说：视频里面有哪些地方特色美食？你最喜欢哪一道特色美食？

（2）同桌交流：你喜欢的这道美食，你知道怎么做吗？

（3）介绍腊肉豇豆包子的由来。

（二）学习探究制作方法

1. 初步了解腊肉豇豆包子的制作过程

（1）提问：要做出美味的腊肉豇豆包子，你知道主要都有哪些步骤吗？

（2）自由发言。

（3）小结步骤：

第一步：和面；

第二步：剁馅；

第三步：醒面；

第四步：包包子；

第五步：蒸包子。

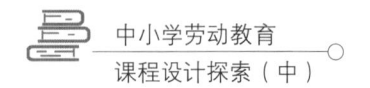

2. 学习制作腊肉豇豆包子的过程

1）第一步：和面

（1）讲授和面的基本方法。

①取适量面粉倒入盆中，将发酵粉和面粉用温水均匀搅拌，然后把絮状面揉在一起发酵，直接蒸成馒头和包子食用。

②买自发粉加温水均匀搅拌，然后把絮状面揉在一起发酵。直接蒸成馒头和包子食用。

（2）介绍发酵的材料。

酵母是一种单细胞真菌，并非系统演化分类的单元，是一种典型的异养兼性厌氧微生物，在有氧和无氧条件下都能够存活，是一种天然发酵剂，具有使制品疏松、改善风味、增加营养价值等功效。

蒸馒头和包子可以使用发酵粉，也可以使用传统食用酵母饼。

（3）介绍和面的方法。

①讲解：取适量的小麦面，先在盆中用少量温水融化酵母，然后再加入面粉和水和面，面与水的比例是3∶1，搅拌絮状，在盆中揉成光滑的面团。

②观看PPT，初步掌握步骤。

③演示步骤：在面板上进行和面的整个过程。

④总结步骤。第一步：溶化酵母；第二步：加水和面；第三步：筷子搅拌；第四步：揉成面团。

（4）讲解注意事项。

①"三光"：面光、手光、盆光。

②水要分次慢慢加。

③和成面絮后，要及时将盆上、手上和筷子上的面搓干净。

2）第二步：醒面

将和好的面团盖上沾上清水的布放置好，醒发30分钟左右。

3）第三步：剁馅

（1）介绍馅料主料——五花腊肉。

①交流：你吃过五花腊肉吗？是怎么烹饪的？

②全班说说对五花腊肉的了解。

③出示五花腊肉的图片并介绍：老人说，可以一日无酒，不可一日无肉。腊肉作为我们的地方特色美食，深受大家的喜欢。农村杀年猪以后，大半猪

肉制作成腊肉，供一家人一年食用。五花腊肉更是腊肉中的精品，炒、蒸、煎、剁馅，烹饪方法多样，口感醇厚。

（2）讲授剁馅的基本方法。

①五花腊肉、豇豆、葱姜洗净沥干备用。

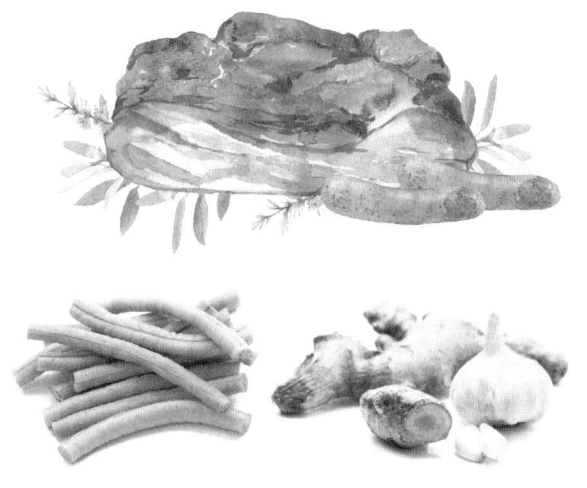

②各种材料分开剁细。

③加入生抽、鸡精、食盐等调料搅拌均匀。

（3）展示剁馅的方法和步骤。

①介绍方法：先取出备好的五花腊肉，用刀在肉面上 45°斜切成一片一片，再切成细条，再切成小丁；把豇豆、葱姜等配料以同样的方法切成小丁；最后加入生抽、鸡精、食盐等调料搅拌均匀。

②观看 PPT，初步掌握步骤。

③演示步骤：在案板上剁馅，再在小盆里调馅。

④总结步骤。第一步：五花成丁；第二步：配料成丁；第三步：加入调料；第四步：筷子搅拌。

（4）讲解注意事项。

①做馅料的时候，把五花腊肉、豇豆、葱姜等切成小丁，这样的馅料才有嚼劲。

②调制馅料的时候，调料不宜放太多，以免覆盖五花腊肉的原味。

4）第四步：揉面

（1）演示揉面方法：取出醒发好的面团，左右手配合揉面。

（2）介绍揉面的作用：排除气泡。

（3）小组交流，总结揉面步骤。

第一步：揉匀；

第二步：搓条；

第三步：切剂；

第四步：成片。

5）第五步：包包子

（1）观看视频，了解包子的各种形状以及包法。

（2）自由发言：你最喜欢哪一种包法？

（3）演示传统包法和新式包法。

（4）讲解注意事项。

① 馅料不宜放太多，以免蒸熟以后开口。

② 用剪刀剪动物形状的时候，注意不要剪开包皮露出馅料。

6）第六步：蒸包子

（1）课件展示蒸包子的方法。

（2）演示并讲解。

① 蒸锅上放一个箅子，箅子上铺一块湿润的纱布。

② 水烧半开，摆放包子。

③ 盖锅后加旺火蒸 25~30 分钟。

④ 停火几分钟后再敞开锅盖。

（3）讲解注意事项：放包子进箅子时，一定要留出足够的空隙。

（三）实践体验

动手实践制作腊肉豇豆包子。

（1）小组回顾蒸馒头的步骤，以表格的形式制订和填写活动方案。

（2）布置回家蒸包子的任务，并写清楚实践过程和心得。

（四）展示交流

带上自己制作的包子，交流制作过程。

（五）结束语

1. 交流：通过学习做腊肉豇豆包子，你有什么收获和感受？
2. 课堂小结。

六、总结评价

（一）学生总结评价

学生评价自己在本次劳动教育活动中是否通过实践体验等达到了自己初步设定的目标，是否树立了正确的劳动观念，培养了热爱劳动、尊重劳动成果的情感。

（二）成果展示交流

评选出优秀的劳动成果并展示出来，比一比谁的成果完成得最好，并请表现优秀的学生分享自己的成功经验，讲述在劳动活动过程中遇到的困难以及克服困难的方法。

（三）教师总结评价

教师对学生的成果进行评价，评选优秀的成果并做出分析；对本次劳动活动进行总结。

七、拓展延伸

以小组为单位，收集各自家乡的美食、历史、典故。

家常泡菜

一、课程说明

泡菜古称菹,是指为了利于长时间存放而经过发酵的蔬菜,它是一种在低浓度食盐液中泡制的蔬菜乳酸发酵加工品。本次活动课程通过让学生自己进行传统泡菜的制作,掌握泡菜的制作方法步骤,了解泡菜的制作原理,以体验式教学使学生感悟自身的变化与成长,理解辛勤劳动对于丰富和发展自我的重要性,激发学生在未来的学习生活中努力奋进、自主追求与实现梦想的勇气,让学生崇尚劳动,弘扬劳动精神,懂得劳动最光荣;通过日积月累的点滴劳动塑造学生正确的人生观价值观。

二、课程目标

● 劳动观念:掌握基础烹饪技能,为家人分担劳动,树立正确的劳动观念,体会劳动创造的美好生活。

● 劳动技能:明白制作泡菜的原理,掌握传统泡菜的制作方法。

● 劳动品质:养成良好的劳动习惯;培养学生热爱劳动的良好品质。

● 劳动精神:学会简单的食物制作方法,关注食品健康,动手分担家务,提高学生的生活自理能力,做父母的小助手。

三、适用学段

初中学段。

四、课前准备

（一）知识准备

提前了解家里泡菜的制作方法以及微生物发酵原理，并观察平时吃的哪些食品是通过乳酸菌的原理制作的，乳酸菌和酵母菌有什么不同。

（二）器材准备

菜刀、红萝卜、姜、红辣椒、豇豆、芹菜、新鲜花椒、五香八角、泡菜盐、白酒、冰糖以及小泡菜坛。

（三）安全措施

将人员分成小组，每一小组选一名得力组长，小组分工合作。切菜时注意安全，选择用刀熟练的人来切。

五、教学过程

（一）课题导入

同学们，这是什么？你们吃过的泡菜都有哪些呀？你们最喜欢吃的泡菜有哪些？

泡菜是我国古代劳动人民创造出的一种经过微生物发酵的腌制食品，它鲜嫩清脆，可以增进食欲，帮助消化与吸收。特别是我们四川的泡菜在全国都很有名。中央电视台节目《舌尖上的中国3》将四川泡菜定位为川菜之魂，川菜大师彭子渝则进一步拔高了泡菜对于四川人的意义。他说："以前女儿出嫁，母亲都要为她带一坛家里的泡菜，娘家的老坛盐水裹挟的是家乡和亲人的味道。""泡菜是四川人的一种生活必需品，也是一种家乡的情结。"但是，泡菜含有的亚硝酸盐有致癌作用，危害身体健康，所以腌制食品应少吃，多吃新鲜蔬菜。

那么，我们四川泡菜是怎样腌制的呢？我们今天就亲自动手来体验一下泡菜的制作过程。

（二）展示学习目标

了解泡菜制作过程中乳酸菌发酵的原理；掌握泡菜的制作方法。

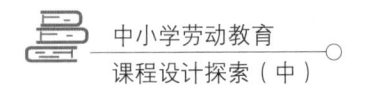

(三)分组

(1)活动过程分小组进行,小组成员自愿组合,5人为一组,每组推选1名小组长来负责本组活动的组织及安全管理。

(2)小组人员既要分工又要合作,活动过程中要采取讨论、交流、总结的学习方法。

(3)活动结束后小组长负责组织本组人员对本次活动进行互评,要做到公平公正,这项要纳入最后优秀团队的评选。

(四)课程活动

两课时:教师指导演示整个泡菜制作过程为第一课时;学生自己动手制作及成果分享为第二课时。

1. 讲解有关乳酸菌发酵原理

首先介绍泡菜制作原理是微生物的发酵制作而成。主要参与的微生物是乳酸菌,乳酸菌是一种厌氧菌,在无氧的条件下,乳酸菌发酵产生乳酸,使得菜呈现一种特殊的风味,还不改变菜的品质。因此泡菜制作原理是需要利用乳酸菌在无氧条件下发酵产生乳酸,然后制作泡菜。

2. 活动开展

1)活动一:讨论泡菜的制作步骤

说一说你们在家里看到过家长是怎样制作泡菜的吗?

学生讨论总结:选坛→选材(准备泡菜所需原料)→原料处理(清洗、切条、晾干)→配制盐水→装坛→封坛。

这些过程具体又是怎样操作的呢?在操作过程中有哪些重点注意事项呢?

2)活动二:演示制作过程

(1)选坛。

泡菜制作的第一步是选坛,应选什么样的坛子来制作泡菜呢?(学生讨论回答)教师拿一个陶制罐子和玻璃坛子来进行演示指导。玻璃泡菜坛挑选很简单,只用看盖子和坛沿吻合严密程度,吻合越严密,坛子就越好。坛沿尽量要选深的,不要浅的。还有坛子底部要平稳。传统四川泡菜一般用的是土制陶器,这种坛子的挑选要比较讲究一些。教师把传统泡菜坛子挑选的方法及步骤出示在电子屏幕上,并一步步演示泡菜坛的挑选过程。

泡菜坛子的挑选

① **看形体**：泡菜坛子以火候老、釉质好、无裂纹、无砂眼、形体美观的为佳。

② **看内壁**：将坛子压在水中看内壁，以无砂眼、无裂纹、无渗水现象的为佳。

③ **听声音**：耳朵贴着坛口，用手击坛壁，"嗡嗡"的声音越响越好。

④ **看密闭**：坛沿注入清水一半，用一张纸点燃后放入坛内，并迅速盖上坛盖子。如果水从坛沿被吸入内壁的速度越快，说明泡菜坛的质量越好，反之则越差。不吸水说明坛子漏气，不能用。

注意：泡泡菜时，要先将买回的坛子洗净晾干，放在大太阳下晒，通过紫外线杀菌。也可以倒入适量白酒摇匀（内壁用酒全面过一下）杀菌消毒。

（2）选择材料及原料处理。

坛子选择好了，那就进入第二步——选材了。哪些蔬菜可以用来泡泡菜？里面要加哪些调料呢？选好后的材料要怎样进行处理呢？

明晓泡菜制作所需的材料：各种蔬菜均可，一般用红萝卜、白萝卜、胡萝卜、青菜、豇豆、芹菜和香菜等。辅料用井盐、生姜、蒜头、花椒、海椒、高度纯粮白酒和冰糖调味品。

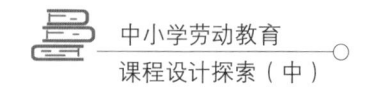

材料要求：新鲜，洗净，晾干，切条或片状。

把已选好和处理好的材料拿给学生看，然后把传统泡菜制作所需材料及注意事项出示在电子屏幕上。

泡菜制作的选材

① 主料：几乎所有蔬菜皆可泡制传统四川泡菜。一般家庭制作，多选用新鲜完好无损的红萝卜、白萝卜、胡萝卜、青菜、豇豆、辣椒、芹菜和香菜等。

② 调料：泡菜盐、生姜、蒜头、花椒、海椒、高度纯粮白酒和冰糖等。调料中的香料不仅可以提供香气，也能为发酵保驾护航。

泡泡菜时，先将要泡的新鲜蔬菜用清水洗净，大的可切小，切成条状或块状，再晾干，切忌污染泡材，切忌带水入坛。将泡菜在下坛之前先晒一晒，或者是用盐腌制一下，脱水后的蔬菜更容易充分地吸收盐水的养分，成熟后会更加脆嫩美味。

思考：为何在泡菜坛中加入白酒？

（3）盐水配制。

一坛泡菜是不是好吃，取决于盐水。平时我们在已起好的坛子里加菜，只需加新鲜、洗净、晾干、切好的蔬菜并添加适量的泡菜盐就行了。但如果我们是第一次泡泡菜就要起坛水，那就是盐水的配制。那用什么水来配制盐水？盐和水的比例又是多少呢？

配制盐水用干净的井水，有条件的可把水煮沸晾冷，然后加入泡菜盐，清水与盐的质量比为4∶1。因安全和条件的关系，我们选择纯净水。

泡菜盐水的配制

① 传统的四川泡菜以干净的井水为佳（没有就用纯净水）。

② 要用无碘的井盐（现在可买专门的泡菜盐）。

③ 配制泡菜盐水，一般是4∶1的比例。盐水的量以灌入泡菜坛子后将各种蔬菜完全淹没为准。

④ 添加老盐水。加老盐水最为重要，老盐水可以更快地产生足够的乳酸菌，让泡菜的味道美起来。

盐水的管理非常重要。盐水使用一定时间后，需要把菜全部捞出来，将

盐水过滤去渣后，还要加入一些冷开水、干净盐以保证盐水的数量和质量，保证酵母菌的纯净，实现盐水的动态平衡。

保养得当的泡菜水会越泡越香。每次添加主料时都应当添加适量的辅料，如泡菜盐、冰糖、白酒。思考一下这是为什么？（① 加盐是为了保持盐水的高盐状态，这样很多其他的细菌就繁殖不了，以保证乳酸菌的纯净；盐少了，泡菜会酸。② 加冰糖主要是起增亮增色的作用，糖还可以将各种不同的味道融合到一起，变得醇厚。③ 加酒一方面是促进发酵，防止"生花"；另一方面也可以为泡菜增香增脆。）

（4）装坛。

泡菜坛清洁后，装入主料，在将提前准备好并已处理好的红萝卜、胡萝卜、紫姜、红辣椒、芹菜、香菜等装至半坛时放入调味料，如蒜头、青花椒、五香、八角、冰糖等。冰糖不要放多，根据平时泡泡菜的量来把握，10斤水加1两糖，继续装至八成满，再慢慢注入配好的盐水，使盐水没过全部菜料，盖好坛盖。如果加一些已经腌制过的老坛泡菜水更好，相当于接种已经扩增的发酵菌，可减少腌制时间。

（5）封坛发酵，往坛盖边沿的水槽中注满水。

思考：为什么要注意经常补充水槽中的水并保持洁净？（起到密封作用，空气不进入坛子里，坛里的水质不会变坏，就不会影响泡菜的口感。）

一般在腌制10天后，亚硝酸盐的含量开始下降。从乳酸的含量、泡菜的风味品质来看，在初期发酵的末期和中期发酵阶段，泡菜的乳酸含量为0.4%~0.8%，风味品质最好，腌制1周左右即可开坛食用。泡菜量以一个月内食完为佳，长时间泡制会失去色、香、味、形。每次的泡材中可有适量的芹菜、香菜，也可随时加入新鲜蔬菜，不断取用。

泡菜制作这五步已完成，那么是不是就算结束，不管了呢？（不行，平时还要对泡菜坛子进行管理。）那么怎样进行管理，管理过程中要注意些什么呢？（先让学生小组讨论交流，然后小组派代表回答，最后老师总结并出示传统泡菜坛子的管理。）

泡菜坛子的管理

① 泡菜坛子的坛口必须用水将完全封闭，要经常冲洗，保证干净，保证坛沿不缺水。

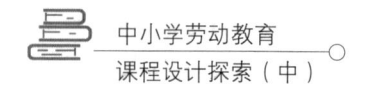

> ② 泡菜坛子一定要放在低温的环境。泡菜在腌泡过程中，温度的高低与盐分的含量，直接影响到乳酸菌发酵产生乳酸、增香物质及亚硝酸盐的形成。泡菜中的乳酸菌适宜低温，一旦温度过高，反而可能滋生其他的杂菌，导致泡菜口味变化，所以泡菜坛子一定要放在低温的环境。
>
> ③ 泡菜坛子需要放到通风、阴暗、潮湿的地方。可以将泡菜坛子放到一个通风的房间的角落，在泡菜周围放上一盆清水，为其制造潮湿的环境。经常对坛子进行清洗。
>
> ④ 泡菜喜欢干净的环境，一般在坛内插入一双竹筷，取用时，用洗干净的手捞取，捞完后迅速盖好盖子。

3）学生分小组动手进行实践操作

大家按分好的小组自己进行泡菜的制作，体验体验泡菜制作过程的乐趣。学生泡菜制作进行中，教师边巡视边指导。

六、总结评价

（一）学生总结评价

学生评价自己在本次劳动教育活动中是否通过实践体验等达到了自己初步设定的目标，是否树立了正确的劳动观念，培养了热爱劳动、尊重劳动成果的情感。

（二）成果展示交流

评选出优秀的劳动成果并展示出来，比一比谁的成果完成得最好，并请表现优秀的学生分享自己的成功经验，讲述在劳动活动过程中遇到的困难以及克服困难的方法。

（三）教师总结评价

教师对学生的成果进行评价，评选优秀的成果并做出分析；对本次劳动活动进行总结。

七、拓展延伸

收看中央电视台短视频《川味第三季——泡菜》,体会四川人从烧制陶瓷泡菜坛到制作传统四川泡菜,以及把泡菜运用到各种川菜的烧制中来提升美味的智慧

想想生活中还有哪些食品是通过微生物发酵的原理来制作的。可以查一下,了解一下。简单的可以动手做一下,并录制视频,下一次活动展示给大家。

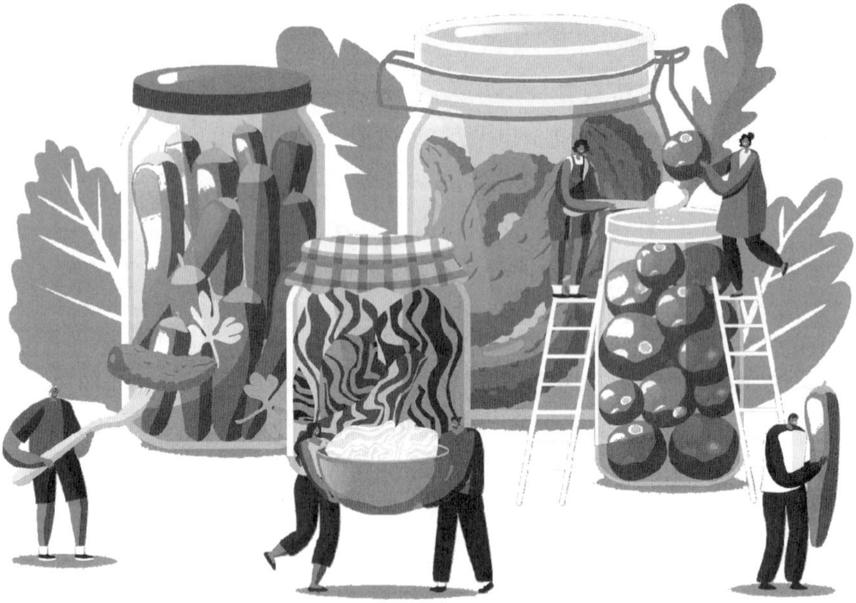

妈妈的一天

一、课程说明

小学劳动课是一门实践性很强的综合性学科，课堂教学要求学生既动脑又动手，手脑并用。劳动教育实践活动正是培养学生创新意识、发挥学生创造性的最佳机会。劳动创造了世界，劳动创造了人，劳动创造了美。本节课的主要内容是教导学生明白劳动的意义，以及在这个年龄段他们能做的力所能及的家务劳动，引导学生明白父母的辛苦，让他们懂得感恩为他们创造美好生活的父母。

二、课程目标

- 劳动观念：通过了解妈妈一天的家务劳动，明白劳动创造美好生活的意义，让学生怀揣感恩之心。
- 劳动技能：了解如何做基本家务，掌握基本的家务劳动技能。
- 劳动品质：增强学生的动手能力，提高学生的整体素质。
- 劳动精神：学会主动分担家务，提高生活自理能力，做父母的小助手。

三、适用学段

初中学段。

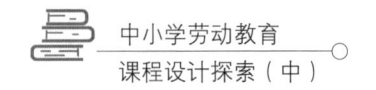

四、课前准备

教育视频、PPT课件。

五、教学过程

（1）播放一段关于妈妈的一天的视频，让学生明白妈妈一天需要做的家务劳动有哪些。

（2）小组讨论：视频中的哪些事情是自己可以做到的，怎样才能真正做好，而不是帮"倒忙"。

（3）播放一段关于孩子在家做家务结果引发火灾的视频。教导学生怎么安全地做家务，哪些家务该做、能做、怎么做，哪些家务不能乱做。

（4）小组代表发言。老师在小组代表发言时随时予以肯定、补充和更正。

六、总结评价

（一）学生总结评价

学生评价自己在本次劳动教育活动中是否通过实践体验等达到了自己初步设定的目标，是否树立了正确的劳动观念，培养了热爱劳动、尊重劳动成果的情感。

（二）成果展示交流

评选出优秀的劳动成果并展示出来，比一比谁的成果完成得最好，并请表现优秀的学生分享自己的成功经验，讲述在劳动活动过程中遇到的困难以及克服困难的方法。

（三）教师总结评价

教师对学生的成果进行评价，评选优秀的成果并做出分析；对本次劳动活动进行总结。

七、拓展延伸

回家帮家里人做一些力所能及的家务，并回传照片。

创建绿色家庭 打造美丽阳台

一、课程说明

"百变小阳台"劳动教育实践课程围绕孩子生活的环境日常生活劳动，根据学生经验基础和发展需要，以劳动美化阳台（小院）项目为载体，以"清洁与卫生，整理与收纳"为基本单元，以学生经历体验劳动过程为基本要求，"百变小阳台"劳动课程内容坚持因地制宜，注重培养学生自理、自立能力，注重培养学生社会责任感，让学生在学习与劳动实践过程中逐步形成适应个人终身发展和社会发展需要的正确价值观、必备品格和关键能力。

二、课程目标

●劳动观念：懂得人人都要劳动、劳动成果来之不易的道理，初步感知劳动的艰辛与乐趣，学会尊重他人的劳动付出。

●劳动技能：通过观察自家小阳台（小花园、小菜园或者小院），制定改变自己小阳台的计划，使自家的小阳台（小花园、小菜园或者小院）变得更美丽。

●劳动品质：培养学生喜欢劳动、主动劳动、积极参加劳动的优良品质。

●劳动精神：培养孩子在活动中的审美情趣和良好的习惯，让孩子们通过观察感受美，通过动手创造美，通过写绘记录美。

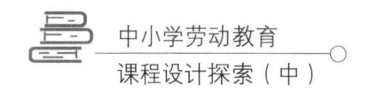

三、适用学段

小学学段。

四、课前准备

美丽阳台图片、"百变小阳台"观察写绘记录手册。

五、教学过程

（一）情景激趣，引出主题

（1）出示美丽阳台图片，让孩子欣赏并畅所欲言。
（2）谈话导入，引出"百变小阳台"主题。

（二）教师讲解方法，孩子了解步骤

1. 结合阳台图片，引导观察方法

（1）从整体到局部（总体观察阳台给人留下的深刻印象，再到具体某一个细节处）。
（2）从远处到近处（从远处到近处，随着目光的移动，感受景物的变化，从粗略看再到仔细看）。
（3）从一边到另一边、从上到下或从下到上（确定某一个起点，依次观察每一处、每一点的细节）。

2. 结合观察顺序，记录所见所思

（1）结合观察的每个点，比如自己亲眼见到的、心里想到的（包括自己的心情和体会）都可以记录下来。
（2）为了便于记录，可以边观察边记录，也可以先用手机拍照后，再翻开相册记录。
（3）结合观察发挥想象：植物与植物之间、植物与花盆之间、花朵与昆虫之间、泥土与种子之间会发生什么有趣的故事？这些也可书写下来。

3. 发现美中不足，想办法进行改变

（1）结合自己的观察、记录日记，想想自家小阳台（小花园、小菜园或

者小院）还有哪些不足的地方，你想补充一些什么进去。

（2）请求父母帮忙，种植一些新鲜的花草或其他，改变自家小阳台（小花园、小菜园或者小院）。

（3）把这一系列的实践活动记录到我们的"百变小阳台"观察写绘记录手册中去。

4. 动手操作，享受劳动

（1）将自己的收获记录下来，完成一本"百变小阳台"观察写绘记录手册。

（2）活动启动时间即日起，活动结束时间为收假的第一天。

（3）活动要求，不一定每天都有记录，但是一个假期观察记录不得少于15次，动手实践不得少于20次（包括清理、收拾、种植、浇水、捉虫、施肥等）。

六、总结评价

（一）学生总结评价

学生评价自己在本次劳动教育活动中是否通过实践体验等达到了自己初步设定的目标，是否树立了正确的劳动观念，培养了热爱劳动、尊重劳动成果的情感。

（二）成果展示交流

评选出优秀的劳动成果并展示出来，比一比谁的成果完成得最好，并请

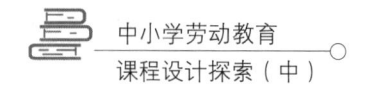

表现优秀的学生分享自己的成功经验，讲述在劳动活动过程中遇到的困难以及克服困难的方法。

（三）教师总结评价

教师对学生的成果进行评价，评选优秀的成果并做出分析；对本次劳动活动进行总结。

七、拓展延伸

假期中，孩子们通过班级微信群，分享自家小阳台（小花园、小菜园或者小院）图片以及自己的"百变小阳台"作品。

开学初，孩子们面对面分享自己的作品以及活动过程中有趣的事。

中小学劳动教育课程设计探索
（下）

主　编　孙　亮　刘朝杨　赵　敏
副主编　徐显平　郭永昌　杨国成

西南交通大学出版社
·成都·

图书在版编目（CIP）数据

中小学劳动教育课程设计探索. 下 / 孙亮，刘朝杨，赵敏主编. --成都：西南交通大学出版社，2023.12
ISBN 978-7-5643-9636-7

Ⅰ. ①中… Ⅱ. ①孙… ②刘… ③赵… Ⅲ. ①劳动教育-教学设计-中小学 Ⅳ. ①G633.932

中国国家版本馆 CIP 数据核字（2023）第 241109 号

目 录

机械加工 …………………………………… 141

共享生活 …………………………………… 146

我与交警零距离 …………………………… 154

银行一日体验 ……………………………… 160

关爱老人 …………………………………… 165

祭扫烈士陵园 ……………………………… 170

植树造林 …………………………………… 174

交通志愿者 ………………………………… 179

我是城市美容师 …………………………… 182

机械加工

一、课程说明

机械加工是指通过一种机械设备对工件的外形尺寸或性能进行改变的过程。本课程通过机械加工技术专业实训，结合社会的实际需要，组织学生在车床上制作一些轴类零件，既能培养学生的工匠技艺和工匠精神，又能提升中职学生的专业素养，同时还能让学生体会到劳动的成就感。

二、课程目标

● 劳动观念：树立热爱劳动，积极劳动的观念，体会劳动创造的美好生活。

● 劳动技能：掌握数控车床的操作步骤及轴类零件的加工方法、量具的基本使用方式，例如车床的对刀操作、游标卡尺的测量和车螺纹的加工技能等。

● 劳动品质：培养学生认真细心的实训态度和动手实践能力，灵活运用知识。

● 劳动精神：培养学生严谨求实的态度、勤学创新的职业意识、团队合作的组织观念和吃苦耐劳的优良作风，弘扬工匠精神。

三、适用学段

中职学段。

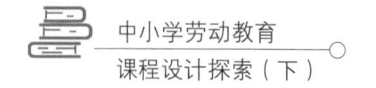

四、课前准备

（一）知识准备

操作车床的知识；阶梯轴加工知识。

（二）工具准备

CA6140 车床、游标卡尺、钢直尺、45°车刀、90°车刀、切断刀、螺纹车刀、100 毫米铝棒料。

（三）安全事项

1. 安全生产规定

（1）工作时应该穿工作服，戴袖套。女生应戴工作帽，头发或辫子应塞入帽子内。

（2）工作时，头不应靠工件太近，以防切屑溅入眼内。

（3）工作时，必须集中精力，不允许擅自离开车床或做与车削无关的事。

（4）工件和车刀必须装夹牢固，以防飞出发生事故。

（5）不准用手去刹住转动着的卡盘。

（6）车床开动时，不能测量工件，也不能用手去摸工件的表面。

（7）应该用专用的工具清除铁屑，绝对不能用手直接清除。

（8）在车床工作时，不准戴手套。

2. 遵守操作规程

（1）开车前，应检查车床各部分机构是否完好，有无防护设备，各传动手柄是否放在空挡位置，变速齿轮的手柄位置是否正确，以防开车时因突然撞击而损坏车床。车床启动后，应使主轴低速空转 1~2 分钟，使润滑油散布到各处（冬季尤为重要），等车床运转正常后才能工作。

（2）工作中主轴需要变速时，必须先停车；使用电气开关控制正、反转的车床，不准用正、反操作紧急停车，以免损坏车床。

（3）为了保证丝杠的精度，除车螺纹外，不得使用丝杠进行自动进刀。

（4）工作完毕，应清除车床上及车床周围的切屑及切削液，擦净后按规定在加油部位加注润滑油。

（5）下课时，将床鞍摇至床尾端。各传动手柄放在空挡位置，关闭电源。

五、教学过程

1. 正确组织工作位置

（1）工作时所使用的工、夹、量具及工件应尽量靠近和集中在操作者周围。布置物件时，用右手拿的放右边，左手拿的放左边；常用的放近些，不常用的放远些。物件放置应有固定位置，使用后应放回原处。

（2）工作位置周围应保持清洁、整齐。

2. 装夹工件

将工件装夹在三爪卡盘上，夹紧工件。防止工件在加工过程中脱落。

3. 安装刀具

将 45°、90°车刀和螺纹车刀依次安装在刀架上并夹紧。注意刀具的安装要求，使刀尖和工件中心等高。

4. 加工螺纹工艺分析

（1）零件图纸。

阶梯轴车削加工实训任务单

实训任务：

1. 合理选用工装、切削用量
2. 拟定切削工艺
3. 完成图示阶梯轴的车削加工

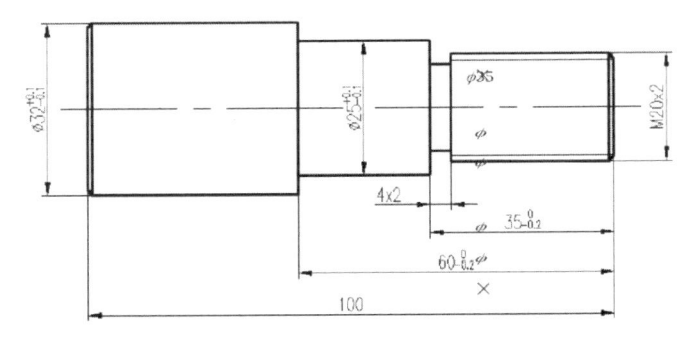

技术要求：
1. 倒角1×45°。
2. 锐边去毛刺。

（2）工艺分析。

① 本次实训所加工的螺纹为：M20×2 外螺纹

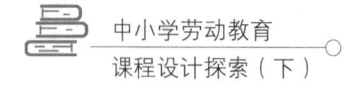

螺纹的大径 d=ϕ20 毫米，螺距 P=2 毫米

② 背吃刀量=0.6P=0.6×2=1.2 毫米

a. 由于螺纹车刀刀尖小，切削热积聚在刀尖位置，散热条件差，所以切削速度比切削外圆时低；粗车时 v_c=10～15 米/分钟，精车时 v_c=6 米/分钟。

b. 背吃刀量 a_p=1.2 毫米

第一次进给——a_p1=0.5 毫米

第二次进给——a_p2=0.35 毫米

第三次进给——a_p3=0.2 毫米

第四次进给——a_p4=0.15 毫米

（3）切削工艺。

5. 分组练习

工序号	工种	工步	工序内容
1	下料	1	100 毫米的棒料
2	车	1	三转卡盘夹持工件，车端面见平
		2	粗车ϕ25 轴段，直径、长度均留ϕ1 毫米的余量
		3	粗车ϕ20 轴段，直径、长度均留ϕ1 毫米的余量
		4	调头，三转卡盘夹持工件的另一端，车端面总长度保证 100 毫米
		5	粗车ϕ32 轴段，直径留ϕ1 毫米的余量
		6	精车ϕ32 轴段，直径至图样上所要求的尺寸
		7	倒角 1×45°
		8	调头精车ϕ25 轴段，直径、长度均至图样所要求尺寸
		9	精车ϕ20 轴段，直径、长度均至图样所要求尺寸
		10	倒角 1×45°
		11	车退刀槽 4×2
		12	车螺纹 M20×2
		13	锐边去毛刺

六、总结评价

（一）学生总结评价

学生评价自己在本次劳动教育活动中是否通过实践体验等达到了自己初步设定的目标，是否树立了正确的劳动观念，培养了热爱劳动、尊重劳动成果的情感。

（二）成果展示交流

评选出优秀的劳动成果并展示出来，比一比谁的成果完成得最好，并请表现优秀的学生分享自己的成功经验，讲述在劳动活动过程中遇到的困难以及克服困难的方法。

（三）教师总结评价

教师对学生的成果进行评价，评选优秀的成果并做出分析；对本次劳动活动进行总结。

七、拓展延伸

通过对阶梯轴和螺纹加工的实训和劳动，不仅使学生掌握了一定的机械加工操作技术，更重要的是培育了学生的劳动价值观。不少学生表示，此次实训劳动的实施过程和评价机制极大地改变了自己对劳动的看法，明白了开设劳动课的意义，明白了为何国家大力弘扬工匠精神。

共享生活

一、课程说明

共享生活是指拥有闲置资源的机构或个人,将资源使用权有偿让渡给他人,让渡者获取回报,分享者通过分享他人的闲置资源创造价值的一种生活方式。在本次课程中,通过对共享生活理念的学习,开展公益活动,使学生在劳动过程中学会利用闲置资源,提高资源利用率,形成节能环保、开放共享、共建共赢、绿色发展的理念。

二、课程目标

- 劳动观念:通过学习共享生活的相关知识,打消并纠正"共享=我享"的错误思想。
- 劳动技能:提升学生作为交通参与者的角色意识,掌握正确使用共享经济产品的使用流程。
- 劳动品质:在学习共享生活知识的过程中,体会资源共享的品质,养成爱劳动的习惯。
- 劳动精神:积极参与社会建设,在劳动中建立社会主人公角色的身份认同感,增强社会责任感。

三、适用学段

初中学段。

四、课前准备

（一）工具准备

手套、水壶、抹布等。

（二）安全事项

共享单车重，移车组注意协作移车；
小心车身上的尖锐凸起及其他易造成人身安全的部分；
参与劳动人数多，秩序容易混乱，应将学生按组分劳动区域进行；
在马路边劳动所以注意不要嬉戏，远离车辆。

五、教学过程

（一）活动导入

（1）劳动教师做自我介绍，并讲解安全注意事项。
（2）确认组长、材料领取员、安全员。
（3）规范停车的意义教学。

（二）活动组织

（1）集合，简短培训。
（2）分组，领取物品。
（3）分区域按流程在老师指导下完成移车—擦车—劝导工作。
（4）合影留念。

六、总结评价

（一）学生总结评价

学生评价自己在本次劳动教育活动中是否通过实践体验等达到了自己初步设定的目标，是否树立了正确的劳动观念，培养了热爱劳动、尊重劳动成果的情感。

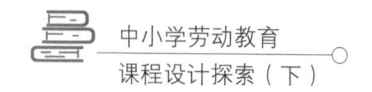

（二）成果展示交流

评选出优秀的劳动个人，并请他们分享自己的劳动经验，讲述自己在劳动活动过程中遇到的困难以及克服困难的方法。

（三）教师总结评价

教师总结本次劳动活动的意义和价值，并对学生们的劳动表现进行评价。

七、拓展延伸

共享单车是近些年来人们热衷的一种出行方式，正深深地融入我们的生活。其实，共享经济是公众将闲置资源通过社会化平台与他人共享，进而获得收益的经济现象。2016 年共享单车的兴起将共享的概念带入了人们的视野。2017 年，共享经济更加发展壮大起来，涉及行业不断增加，规模不断扩大，共享单车、共享汽车、共享雨伞、共享充电宝……种种创新拓展着人们的想象力，同时也是对社会闲置资源进行合理利用的尝试。

共享单车技术原理

共享单车的实现并不复杂，其本质是一个典型的"物联网+互联网"应用。应用的一边是车（物），另一边是用户（人），通过云端的控制来向用户提供单车租赁服务。

一、共享单车的"云端应用"

1. 云计算基础平台

共享单车的云端应用是一个建立在云计算之上的大规模双向实时应用。云计算一方面能够保证共享单车应用的快速部署和高扩展性,另一方面能够应对大规模高并发场景,满足百万级数量的连接需要。(例如摩拜单车的云服务建立在微软的 Azure 公有云服务平台之上)

2. 数据资产

云端应用需要采集、存储并管理两类关键数据:

(1)单车数据(物联网特性的资产数据,包括单车的通信连接状态、车锁状态、使用记录等),单车数据由智能锁通过通信模块和 Sim 卡,经由电信运营商的网络以及运营商的物联网平台上传到共享单车的服务平台。

(2)用户数据(互联网特性的用户数据,除了用户基本信息、消费记录、用户账户和征信信息等,还包括用户的行为数据,即骑行的路径和位置信息)。正如开头所述,共享单车是"物联网+互联网"应用,所以企业资产(单车)和用户数据是共享单车企业的核心资产。

3. 平台服务

由于共享单车一方面涉及海量的物联网数据、用户数据的管理,另一方面还要随时跟进用户需求做功能开发和优化,所以应用之下会先构建平台服务(PaaS)。配备平台服务层,一方面能够使得应用承载百万量级的高并发数据流,另一方面又能做到资源和能力的动态调配和功能的灵活开发。

所以,摩拜不仅使用了微软的基础云服务(Azure),还使用了微软的平台服务(PaaS)。

二、共享单车的"智能锁"

从摩拜 1 代的短信解锁和 ofo 1 代的手动机械解锁,到如今的蓝牙解锁、电子围栏、预约等新增的功能应用,智能锁关键、基础的功能已经逐渐确定下来,各家智能锁的差异已经不大了。目前,智能锁基本都是由控制、通信、感知、执行、供电等几大类模块组成。

主要的模块功能如下:

控制芯片(单片机):智能锁系统的控制中枢,整体负责通信、车锁控制和状态信息收集。

移动通信芯片（Modem）：内置电信运营商的 Sim 卡，负责与云端应用后台进行通信。

蓝牙通信模块：主要是用于连接用户手机并实现解锁，也与电子围栏的应用实现有关。

GPS 通信模块：物理定位功能。

车锁的传感器：感知车锁的开、关状态，并将车锁状态信息向控制芯片上报。

车锁的执行器：控制芯片通过执行器对车锁进行开、关操作。

蜂鸣器：用于异常状态的发声告警。

电源模块：电池、充电模块（芯片）、充电装置（太阳能电池板；电机和测速传感器等）。

共享单车应用，其实就是通过"单车—云端—用户手机"之间的信息传递来完成的，其中最关键的是解闭智能锁的过程。目前，最新的"GPS 定位+蓝牙"解锁和还车模式已经比较普遍。

蓝牙模式解锁流程

（1）手机先扫单车上二维码，而后向云端发起解锁请求（请求中会携带扫码单车的 ID 信息及用户个人账号信息）。云端对用户信息、单车信息进行核查，而后将授权信息发送给手机。

（2）用户通过手机蓝牙接口将解锁指令和授权信息传递给单车的智能锁，智能锁核验授权信息后解锁，并将解锁成功的信息通知手机。

（3）手机将解锁成功的信息回复给云端，云端开始给用户计费。

（4）在用户骑行过程中，单车和手机 App 会将各自的 GPS 定位信息上报云端应用。

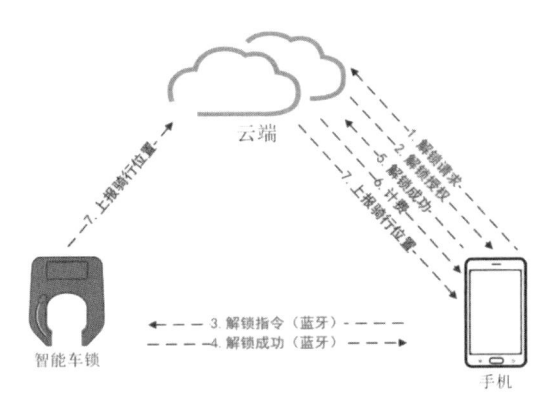

采用蓝牙的方式实现手机对智能锁的解闭，能够减少智能锁的通信量（通信资费）和耗电量。不过，采用蓝牙方式，稳定性和兼容性不能够完全保证。所以传统的、比较耗电的解锁方式（手动密码解锁、GSM 短信或 GPRS 流量解锁）往往还是会被保留，作为备选。

蓝牙模式锁车、还车流程

（1）用户锁车后，由智能锁通过蓝牙通知手机："还车成功"。

（2）手机随即通知云端"还车成功"，云端将费用结算信息发送给手机和用户。

（3）智能锁在用户还车后将位置信息上报。

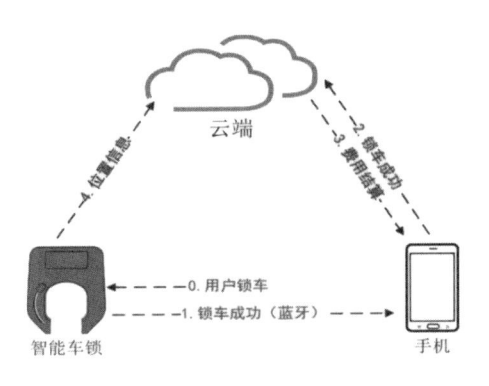

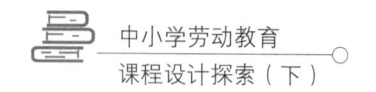

共享单车的"乱象"

由于共享单车的便利性，车主可以随时骑行、随时停车，没有停车位的限制。在停车后，只需锁上车锁，就完成了一次行程。对于自身素质较高的骑车人来说，做到方便他人、规范停车并不是难事。不过，总有一些不和谐的现象会经常出现在我们身边。

虽然多数共享单车 App 内有显著的提示，"请将单车停放在路边公共停车区域内或指定区域，方便他人取用"，还详细标注了具体的停车位置，不过，盲道、树坑、路口转弯处、人行道、地铁口、公交站台等交通节点位置仍然成为共享单车的集中停车点。相当一部分骑车人只要自己方便，把单车停在任何方便自己的地方，全然不顾其他行人和车辆的方便和安全。

另外，共享单车虽然方便了短途的人们，但是动了一些交通运营者的蛋糕，诸如出租车、摩的或三轮车司机等，于是故意毁损、丢弃的现象随处可见，甚至出现集中恶性破坏的案例。

下图中人行横道上下口被随处停放的单车堵得水泄不通，甚至延伸到马路上，行人根本无处可走，只得绕道而行。地铁出入口和公交站台也是重灾区，本来已经非常拥挤的路面被一排排共享单车堆积得满满当当。部分行人为宣泄内心的愤怒，将无辜的共享单车层层垒摞，造成更加严重的拥堵。

面对共享单车的种种乱象，我们青少年能够做到哪些力所能及的事情呢？

文明用车，从我做起

根据我国法律规定，12岁以下儿童需骑儿童自行车，不可在社会车道上行驶；年满12岁才可以骑自行车上路；12岁以上16岁以下可以骑自行车，但不可骑电动自行车；年满16岁可骑符合国家标准的电动自行车上路，且速度必须控制在 20 km/h 以内；18 岁以上可骑摩托车，但必须通过驾驶证培训且取得摩托车驾驶证。

（1）马路不是游乐场。在马路上骑车决不能随意嬉戏、冲撞、追逐机动车辆等，这样极易发生道路交通伤害事故。不仅在公共道路，小区内的道路也同样不容忽视。

（2）按照取、还车正规步骤使用共享单车，不得暴力破坏车锁，非法进行使用。

（3）共享单车需停放在规定停车范围内，若没有规划停车位，应停放在不影响交通的空旷场地，按顺序停放。

我与交警零距离

一、课程说明

警察是人民的保护者,是社会安宁的捍卫者。他们时刻牢记使命、忠诚履职、不怕牺牲、无私奉献,是值得我们尊敬的人。交警是警察队伍中的一员,通过此次课程,我们将走近交警的日常工作,体验他们工作中的艰辛,在学习交通基本知识的同时,增强社会责任感,积极参与社会建设,培养劳动服务意识,加强交通安全意识。

二、课程目标

●劳动观念:提高交通安全意识,提高自我保护能力,尊重生命,尊重不同职业的劳动者。

●劳动技能:了解和学习交警常用的指挥交通的手势和动作,学习交通安全知识,知道常见的违反交通规则行为。

●劳动品质:在了解交警工作日常、学习交通知识的过程中,了解交警大队的工作环境和内容,体会交警工作的辛苦。

●劳动精神:积极参与社会建设,培养劳动服务意识,增强社会责任感。

三、适用学段

初中学段。

四、课前准备

（一）知识准备

了解基本的交通规则知识。

（二）工具准备

白手套、交警工作服、小旗子等。

（三）安全事项

与交通警察交流时注意礼貌用语，尊重他人。

注意交警大队的环境秩序，保持安静。

进行多人实战劳动课，参与劳动人数多，秩序容易混乱，应将学生按组分或错时段进行。

进入道路，注意交通安全和自我保护。

认真倾听和学习交通规则，禁止在马路上打闹。

五、教学过程

（一）活动导入

（1）阅读《劳动手册》，了解交警的工作。

（2）劳动讲师做自我介绍，讲解学生劳动体验的注意事项。

（3）分小组，选出队长。

（二）活动组织

1. 参观交警大队

（1）来到交警大队，跟随交警大队老师参观交警大队。

（2）观看交警大队的活动路况监控图，了解自己平时经常所走道路的交通情况。

2. 学习交通知识，进行岗前培训

（1）请劳动讲师讲解并示范如何指挥交通。

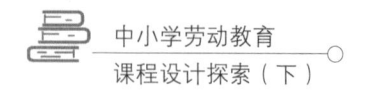

（2）劳动讲师讲授机动车、非机动车和行人在道路上经常出现的交通违规违法情况。

（3）请学生起身和劳动讲师一起学习一些简单的交通指挥手势，如停车、直行、转弯等。

（4）各小组领取衣服和手套，练习动作，准备上岗。

（5）劳动讲师和交警进行指导和点评。

3．体验指挥交通工作

（1）跟随交警进入需要指挥交通的马路。

（2）各小组成员分工站点位。

（3）穿戴整齐上岗指挥交通。

（4）跟随交警处理交通违规、违法行为。

六、总结评价

（一）学生总结评价

学生评价自己在本次劳动教育活动中是否通过实践体验等达到了自己初步设定的目标，是否树立了正确的劳动观念，培养了热爱劳动、尊重劳动成果的情感。

（二）成果展示交流

评选出优秀的劳动个人，并请他们分享自己的劳动经验，讲述自己在劳动活动过程中遇到的困难以及克服困难的方法。

（三）教师总结评价

教师总结本次劳动活动的意义和价值，并对学生们的劳动表现进行评价。

七、拓展延伸

我们常常坐车，也常常骑车，细心的同学会发现，不遵守交通规则的现象在我们日常的生活中随处可见。想象一下，如果没有人遵守交通规则，我们的街道会发生什么样的变化？没错，有着这么一群人，他们无论天气炎热或寒冷，都会站在十字路口、红绿灯下，面对着熙熙攘攘的人群和车辆，一会儿转身，一会儿挥动着手臂。在他们的指挥下，车辆和行人更加井然有序。那么交警到底是一个怎样的职业，有着怎样的工作内容，让我们一起来了解一下吧！

历史上的趣事

中国早在周朝时就设有司险，即交通监督官管理交通。欧洲的古罗马时代出现了世界上最早的单向通行方式并有过限制进城马车总数量的规定。意大利古代城市庞贝的街道设有专用的人行道和行人过路用的跳石。这些都是交通管理的雏形。

现代交通管理的基本内容是车辆检验，驾驶人员考核，交通违章及交通事故处理，交通秩序的维护，交通信号指挥与控制，交通警卫，人行道、车行道及停车场所的管理交通标志、道路交通标线、隔离墩、安全岛和护栏等道路交通安全设施的布设，交通的合理组织，交通法规的制定与执行以及交通安全的宣传教育等。在中国，城市交通由公安部门管理，其他交通由交通部门管理。

庞贝古城的街道

交警岗位介绍

交通警察，简称交警，是指公安机关中负责交通秩序管理、交通事故勘察的人民警察，是人民警察的一个警种。

交警岗位职责

交通警察主的主要职责包括依法查处道路交通违法行为和交通事故；

维护城乡道路交通秩序和公路治安秩序；开展机动车辆安全检验、牌证发放和驾驶员考核发证工作；开展道路交通安全宣传教育活动；道路交通管理科研工作；参与城市建设、道路交通和安全设施的规划；组织宣传交通法规；依法管理道路交通秩序，管理车辆、驾驶员和行人，教育交通违法者；勘查处理交通事故；维护正常的交通秩序，保证交通运输的畅通与安全。

交警岗位任务

（1）广泛收集信息，实行科学决策，正确制定道路交通规则。

（2）严格交通执法，维护交通秩序。

（3）开展宣传教育，增强交通参与者的交通安全意识。

（4）运用现代管理学，完善管理环节，增强道路交通协调与控制能力。

（5）预防和查处交通违法、交通肇事，保障道路交通安全、通畅。

（6）制止违法犯罪活动，维护道路治安秩序。

交警体验劳动教育

由于体验交警工作需要较高的职业素养，因此建议在封闭道路，以内部人员互换的形式进行模拟实习。为确保真实度，需要坚持交通管理的几项基本原则：

（1）交通分离原则。让道路上不同种类、不同流向的交通流在时间、空间上分离，避免发生交通冲突。

（2）削减交通总量原则。通过交通管理措施来限制一部分车种上路行驶，从而削减交通总量，使旅行时间、行驶距离最短。

（3）交通连续原则。保证大多数人的交通活动在时间、空间、交通方式上不会产生间断。

（4）交通量均分原则。合理地使用现有道路，科学地调节、疏导，使路网各处交通负荷均匀。

学习交通管理手势

（1）停止信号

交警举手朝向您，无其他动作时就是告诉您停止，注意，是直抬左臂。

（2）直行信号

先是两胳膊张开，右手弯曲胸前允许右直行通过，两手成0°。

（3）左、右转弯信号

左转右转都是两只手的，一上一下，向右摆动的下手向左转，反向递推，两手成45°。交警左手摆动就是左转弯，右手摆动就是右转。

（4）变道信号

面向来车方向，右臂向前平伸与身体成90°，掌心向左，五指并拢，面部及目光平视前方。

（5）减速慢行信号

右手上下摆动，掌心向下。注意：由上往下压的动作就是要让你压压速度。

（6）车辆靠边停车信号

面向来车方向，右臂前伸与身体成45°，掌心向左，五指并拢，面部及目光平视前方。

银行一日体验

一、课程说明

银行是依法成立的经营货币信贷业务的金融机构，是商品货币经济发展到一定阶段的产物。在本次课程中，通过了解银行业的相关知识，体验银行从业人员的工作日常，使学生在劳动过程中加深对社会的了解，体会劳动者的辛苦与劳动带来的成就感，形成热爱劳动、尊重各行业劳动者的正确观念。

二、课程目标

●劳动观念：树立正确的价值观，对"钱"形成正确的认识，尊重不同职业的劳动者。

●劳动技能：学习了解银行办理业务和使用自助机的流程和方法。

●劳动品质：学习基础的金融知识和财富管理观念，培养青少年"财商"。

●劳动精神：学习和体验银行优质服务，增加银行的正面宣传和影响力，提高学生的劳动服务能力和职业体验。

三、适用学段

初中学段。

四、课前准备

（一）知识准备

了解金融业、银行的相关知识。

（二）工具准备

点钞纸、点钞机、条幅。

（三）安全事项

与银行的顾客和职员交流时注意礼貌用语，尊重他人。

注意银行的环境秩序，保持安静。

进行多人实战劳动课，参与劳动人数多，秩序容易混乱，应将学生按组分在多个银行或多个时间段进行。

认真听机器的使用规则，爱护机器，避免损坏。

遵守银行规则，维护财产安全。

五、教学过程

（一）活动导入

（1）阅读服务劳动相关《学生手册》，了解银行服务。

（2）劳动讲师做自我介绍，讲解学生劳动体验的注意事项。

（3）劳动讲师介绍钱币金融小知识。

（二）活动组织

1. 点验钞体验（20分钟）

- 劳动讲师介绍如何识别假币。
- 劳动讲师现场教学点钞手法，学生上手练习。
- 提供验钞机让同学们感受如何点钞、验钞。

2. 服务礼仪指导（40分钟）

- 请大堂经理向学生介绍其工作职责。
- 大堂经理示范工作礼仪，提供礼仪指导。
- 学生学习并现场体验，帮助顾客解决问题。

3. 体验银行自助机具（10分钟）

- 劳动讲师介绍银行中的各种自助机器，如ATM机等。
- 学生学习、模拟操作为自己办理银行卡。

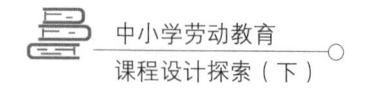

●劳动讲师在旁指导。

4. 柜台办理业务体验（10 分钟）

●学生们到柜台办理业务区与银行职员交流。
●银行柜台职员介绍自己的工作职责。
●银行柜台职员为学生介绍理财知识和储蓄知识。
●学生体验柜台服务。

5. 完成"劳动问答"

《银行一日体验》劳动问答

1. 银行家的主要职责有＿＿＿＿＿＿＿＿＿＿＿＿＿＿＿＿＿。
2. 判断下列说法正确与否。
（1）银行从业人员都需要考取从业资格证才能上岗。　　（　　）
（2）银行主要业务是存款和贷款。　　（　　）
（3）世界各地的柜员皆与顾客隔着一扇窗户。　　（　　）
3. 说说看，银行人员如何给客户留下好的第一印象？

六、总结评价

（一）学生总结评价

学生评价自己在本次劳动教育活动中是否通过实践体验等达到了自己初步设定的目标，是否树立了正确的劳动观念，培养了热爱劳动、尊重劳动成果的情感。

（二）成果展示交流

评选出优秀的劳动个人，并请他们分享自己的劳动经验，讲述自己在劳动活动过程中遇到的困难以及克服困难的方法。

（三）教师总结评价

教师总结本次劳动活动的意义和价值，并对学生们的劳动表现进行评价。

《银行一日体验》劳动评价表

学校_____ 班级_____ 姓名_____

学生自评	
我对银行工作有了一定了解	☆☆☆☆☆
我对银行主要业务有了一定了解	☆☆☆☆☆
我认识了银行柜员工作的完整过程	☆☆☆☆☆
我了解了存款手续的正确做法	☆☆☆☆☆
通过劳动，我体验到成功的喜悦	☆☆☆☆☆
通过小组合作工作，我体验到团结的力量	☆☆☆☆☆
我严格按照老师的要求进行观察和操作	☆☆☆☆☆
我积极主动参与活动	☆☆☆☆☆
小组互评	
活动中同学积极参与，团结合作	☆☆☆☆☆
活动中同学为小组做出了贡献	☆☆☆☆☆
鉴定人签名：_____、_____	

七、拓展延伸

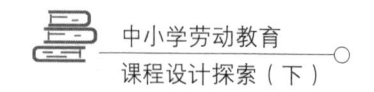

银行柜员岗位介绍

银行柜员一般指在银行分行柜台里直接跟客户接触的银行员工。银行柜员在最前线工作。他们与客户直接打交道，帮助客户办理业务，同时及时停止错误的交易，以避免银行有所损失。该职位要求对客户态度亲切诚恳。

银行柜员岗位职责

（1）对外办理存取款、计息业务，包括输入电脑记账、打印凭证、存折、存单、收付现金等。

（2）办理营业用现金的领解、保管，登记柜员现金登记簿。

（3）办理营业用存单、存折等重要空白凭证和有价单证的领用与保管，登记重要空白凭证和有价单证登记簿。

（4）掌管本柜台各种业务用章和个人名章。

（5）办理柜台轧账，打印轧账单，清理、核对当班库存现金和结存重要空白凭证和有价单证，收检业务用章，在综合柜员的监督下，共同封箱，办理交接班手续，将凭证等会计资料交综合柜员。

银行柜员岗位要求

该岗位的服务对象的行业具有多样性，客户对信贷、结算、理财等方面的多种需求导致了银行柜员所要掌握的营销手段和职业技能的多样性、综合性。银行柜员要做好经济、金融、财务、法律、税收、市场营销、公关、心理等多方面的知识储备才能做好客户管理和服务工作。早日取得中国银行业从业人员资格认证对个人的职业发展会有很大的裨益和帮助。建立银行业从业人员资格认证制度是依法从事银行业专业岗位的学识、技术和能力的基本要求。

关爱老人

一、课程说明

"老吾老以及吾人之老",尊老敬老爱老是中华民族的优秀传统美德,更是新时代构建和谐社会的要求,也是每一位公民义不容辞的责任。在本次劳动课程中,我们将开展社会公益活动,用实际行动关爱老人,将尊老、敬老、爱老的传统美德传递下去,让老人们真正感觉到家庭的关爱、社会的温暖,安享晚年,幸福生活。

二、课程目标

- 劳动观念:树立正确的价值观,尊老敬老,给老人们带去关爱和温暖。
- 劳动技能:学习了解关爱老人的合适方法。
- 劳动品质:通过参与关爱老人的社会公益活动,感受为人民服务的快乐和满足。
- 劳动精神:在参与关爱老人的公益活动中,自主自觉地参与进社会活动,培养承担社会责任的信念。

三、适用学段

初中学段。

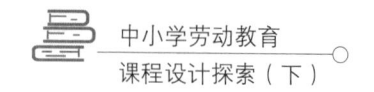

四、课前准备

（一）工具准备

赠送物品、活动宣传物。

（二）安全事项

参与劳动人数多，秩序容易混乱，应将学生按组分劳动区域进行。

五、教学过程

（一）活动导入

现代社会中的老年人，儿女们大多很忙，有的甚至只有在逢年过节时才回到父母身边。长期的孤独感对老年人的身心健康不利。

劳动教师做自我介绍，讲解安全注意事项，并确认组长、材料领取员、安全员的人选。

通过自己的一分努力给老人们带去关爱、快乐和温暖，感受为人民服务的快乐和满足，有助于培养学生承担社会责任的信念，树立榜样，为营造尊老敬老的良好风尚和创建和谐社会贡献绵薄之力。

为增强学生社会责任意识与奉献精神，促进同学之间的交流，体会公益劳动对社会发展的重要意义，特组织各年级、各班级对接敬老院等机构开展社会义务劳动，为老年人服务，为老年人献上爱心，送上学生群体对老年人的一份关怀。

（二）活动准备阶段

（1）由活动负责人联系敬老院负责人，得到许可后洽谈活动事宜，协商本次活动的各项具体安排和相关细节。

（2）派人员到活动现场熟悉路线、地形和环境。

（3）准备好活动中需要的物资，做好详细的物品资费清单。

（4）统计参加活动的学生及老人人数，在活动前所有参与者必须在老师的指导下进行一次培训，了解注意事项，力求圆满完成既定服务项目。

（5）准备好活动中需要的内容，如歌曲、近期过生日的老人名单。

（6）召开会议，讨论并拟定活动计划，分组明确项目内容和项目分工。

（7）学生准备各自的节目。

（8）制作活动宣传物（海报、横幅等），并由财务管理员负责采购食品（水果、花生、瓜子、糖果等）和小礼品（牙刷、笔、杯子、毛巾、手帕、纸巾等）。

（9）准备活动物品（相机、旗帜、横幅、礼物、扫帚、抹布、音响等）。

（三）活动开展阶段

（1）参加劳动学生集合，清点小组人数，由指导老师进行简短的培训，拿好校旗，集体前往敬老院。

（2）活动内容主要分两部分，一是慰问老人（包括陪老人聊天、下棋，打扫清洁，赠送礼品，为老人宣讲饮食起居、保健等知识），二是文艺表演，按节目单进行。

（3）到达敬老院后，要注意与老人互动，招呼问好，根据事先分好的组活动，其他人准备文艺节目。

（4）根据时间，带老人们到院子里观看表演，引导老人们积极参与，让他们感受到乐趣。

（5）演出结束后与老人们一同到招待餐厅就餐，让老人们品尝到我们用真心做的美味可口的饭菜。

（6）活动结束后与老人们合影留念。

（7）到集合点集中回校。

（四）活动内容参考

（1）陪老人们聊天，因为老人们都喜欢回忆过去，陪他们聊天的时候要尽量多倾听，多问一些问题，让他们回忆以前快乐的往事。

（2）在聊天的过程中，帮老人们做一些小事，例如梳头、按摩、剪指甲，在点滴细节上关怀老人，给老人们带去温暖。

（3）帮助敬老院的工作人员打扫敬老院的工作，例如擦玻璃、打扫院子、整理花草。

（4）如果自己有能力，可以给老人们做一些自己拿手的美食，或者包饺子，煮汤圆，让老人们品尝各地美食。

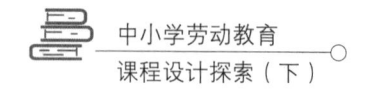

（五）完成"劳动问答"

《关爱老人》劳动问答

1. 判断题：
（1）去敬老院服务要收取报酬，体现劳动价值。　　　　　　（　）
（2）敬老院的老人都是孤寡老人。　　　　　　　　　　　　（　）
（3）开展敬老院社会服务实践不需要干体力活。　　　　　　（　）
（4）敬老院的老人希望有人陪他们多说说话。　　　　　　　（　）

2. 通过本次活动，你还想到可以如何关注老年人的健康？
3. 通过本次活动，你觉得我们日常生活中还可以提供哪些社会服务？
4. 通过这次劳动，你有什么收获呢？

六、总结评价

（一）学生总结评价

学生评价自己在本次劳动教育活动中是否通过实践体验等达到了自己初步设定的目标，是否树立了正确的劳动观念，培养了热爱劳动、尊重劳动成果的情感。

（二）成果展示交流

评选出优秀的劳动个人，并请他们分享自己的劳动经验，讲述自己在劳动活动过程中遇到的困难以及克服困难的方法。

（三）教师总结评价

教师总结本次劳动活动的意义和价值，并对学生们的劳动表现进行评价。

《关爱老人》劳动评价表

学生自评	
我对敬老院有了一定了解	☆☆☆☆☆
我对如何进行社会服务有了一定了解	☆☆☆☆☆
我掌握了社会服务敬老院的完整步骤	☆☆☆☆☆
我体会了社会服务的意义	☆☆☆☆☆
我体验到了团队对劳动的重要性	☆☆☆☆☆
我按照老师的要求进行了观察和操作	☆☆☆☆☆
我积极主动地参与了整个劳动过程	☆☆☆☆☆
小组互评	
活动中,该同学积极参与,团结合作	☆☆☆☆☆
活动中,该同学为小组做出了贡献	☆☆☆☆☆
劳动中,该同学遇到问题积极思考并解决问题	☆☆☆☆☆
鉴定人签名:_____、_____	

祭扫烈士陵园

一、课程说明

在我国革命战争、社会建设过程中，曾涌现过许多舍生忘死的烈士。本次劳动课程中，我们将走进烈士陵园，开展祭扫烈士陵园的劳动课程，缅怀先烈的丰功伟绩，进而感受到他们敢于斗争、不怕牺牲、艰苦奋斗、不断前进的精神风范，激励学生坚定共产主义理想，播下为人民服务的信念种子，增强政治责任感和历史使命感。

二、课程目标

- 劳动观念：对学生进行革命教育、爱国主义教育，树立正确的人生观、价值观。
- 劳动技能：了解烈士们为了人民的幸福而进行的可歌可泣的斗争。
- 劳动品质：调动学生的团队参与意识，锻炼学生的合作、互助能力。
- 劳动精神：在祭扫烈士陵园的过程中，教育学生学习老一辈无产阶级革命家和共产党人前赴后继的革命精神。

三、适用学段

小学学段。

四、课前准备

（一）工具准备

收纳袋、清扫用品等。

（二）安全事项

烈士陵园属于严肃场地，禁止同学们嬉戏，保持庄严。

参与劳动人数多，秩序容易混乱，应将学生按组分劳动区域进行。

五、教学过程

（一）活动导入

中华民族经过几千年的风风雨雨毅然伫立，离不开千千万万的中国英雄。他们是平凡的个体，也是无数个体组成的群体，他们身上有一个共同的特点："牺牲小我，为国为民"！本次借给烈士扫墓活动对学生进行爱国教育，以缅怀先烈的方式感受烈士们不怕牺牲、保家卫国的精神。硝烟虽已远去，历史不容忘却。我们要铭记历史，发奋图强，为祖国建设贡献自己的一分力量！

（1）劳动教师做自我介绍，并讲解安全注意事项。

（2）确认组长、工具领取员、安全员。

（3）烈士陵园的介绍。

（二）活动组织

（1）集合，简短培训。

（2）陵园整体区域划分介绍和重点事迹讲解。

（3）奏唱国歌，向革命烈士献花篮。

（4）分组领取工具，认真打扫。

（5）合影留念。

六、总结评价

（一）学生总结评价

学生评价自己在本次劳动教育活动中是否通过实践体验等达到了自己初

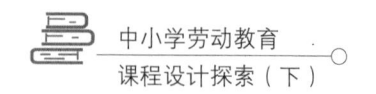

步设定的目标，是否树立了正确的劳动观念，培养了热爱劳动、尊重劳动成果的情感。

（二）成果展示交流

评选出优秀的劳动个人，并请他们分享自己的劳动经验，讲述自己在劳动活动过程中遇到的困难以及克服困难的方法。

（三）教师总结评价

教师总结本次劳动活动的意义和价值，并对学生们的劳动表现进行评价。

七、拓展延伸

英雄赞歌

风烟滚滚唱英雄，
四面青山侧耳听，
侧耳听，
晴天响雷敲金鼓，
大海扬波作和声。
人民战士驱虎豹，
舍生忘死保和平。
为什么战旗美如画，
英雄的鲜血染红了它。
为什么大地春常在，
英雄的生命开鲜花。
英雄猛跳出战壕，
一道电光裂长空，
裂长空，
地陷进去独身挡，
天塌下来只手擎。
两脚熊熊趟烈火，
浑身闪闪披彩虹。
为什么战旗美如画，
英雄的鲜血染红了它。
为什么大地春常在，
英雄的生命开鲜花。
一声呼叫炮声隆，
翻江倒海天地崩，
天地崩，
双手紧握爆破筒，
怒目喷火热血涌。
敌人腐烂变泥土，
勇士辉煌化金星。
为什么战旗美如画，
英雄的鲜血染红了它。
为什么大地春常在，
英雄的生命开鲜花！

人民英雄永垂不朽

位于北京天安门广场正中心的人民英雄纪念碑主体建筑为两层须弥

座承托着高大的碑身，碑身正面（北面）镌刻有毛泽东1955年6月9日所题"人民英雄永垂不朽"八个金箔大字；背面（南面）是毛泽东起草、周恩来题写的小楷金箔碑文：

"三年以来，在人民解放战争和人民革命中牺牲的人民英雄们永垂不朽！

三十年以来，在人民解放战争和人民革命中牺牲的人民英雄们永垂不朽！

由此上溯到一千八百四十年，从那时起，为了反对内外敌人，争取民族独立和人民自由幸福，在历次斗争中牺牲的人民英雄们永垂不朽！"

烈士纪念日

鲜花慰忠魂，金秋祭先烈。对于牺牲的烈士，国家、民族和人民绝不会忘记他们。2014年8月31日，第十二届全国人民代表大会常务委员会第十次会议通过的《全国人民代表大会常务委员会关于设立烈士纪念日的决定》规定，将9月30日设立为烈士纪念日。每年9月30日，全国各地隆重举行烈士公祭活动，各界代表来到烈士陵园，深切缅怀为民族独立、人民解放、国家富强、人民幸福英勇献身的先烈，追忆烈士的丰功伟绩，激发昂扬的奋斗精神。

植树造林

一、课程说明

植树造林是加强生态环境保护的有效措施，是绿色发展理念的体现，可以为经济社会的发展提供良好的基础。植树可以起到防风固沙、调节气候、保护水土、净化空气等效果。通过本次课程，我们将带领学生加入植树造林公益劳动活动中去，发扬中华民族植树爱林的优良传统，强化学生的绿化意识，将绿色发展的理念深植于心底。通过亲手植树的劳动课程，使学生切身体验植树的辛劳，明白树木生长成才的不易，在劳动中树立起不怕苦、不怕累、以劳动为荣的正确劳动理念。

二、课程目标

- 劳动观念：亲身参与植树活动，让同学们从感情上认可和尊重劳动。
- 劳动技能：在植树的过程中学习基本的植树技能，掌握使用常见农具的方法。
- 劳动品质：在植树活动中动脑、动手、发现问题、解决问题，学会如何团结协作。
- 劳动精神：了解植被与人类生存的关系，提升学生关注环境、保护环境的意识。

三、适用学段

小学学段。

四、课前准备

（一）工具准备

锄具、树苗、手套、浇水壶等。

（二）安全事项

锄具等工具有危险性，注意提醒同学们勿嬉戏打闹。

参与劳动人数多，秩序容易混乱，应将学生按组分劳动区域进行。

五、教学过程

（一）活动导入

（1）劳动教师做自我介绍，并讲解安全注意事项。

（2）确认组长、材料领取员、安全员。

（3）介绍植树造林的意义。

（二）活动组织

（1）讲解植树步骤。

第一，挖坑。根据根系的长、宽挖大小适宜的树坑，深度一般以 50 厘米为宜。挖坑时要将表面的熟土、下面的黄土分倒在坑两侧，注意把表土和底土分开放置，并按相应位置回填。以树干为圆心画圈，沿圈边向下垂直挖掘，直到达到规定深度，要保持上下垂直，大小一致，切忌挖成上大下小的锥形或锅底形，否则栽植踩实时会使根系劈裂、卷曲或上翘，造成不舒展而影响树木的生长。如果是坚实的土壤或建筑垃圾土，则应该加大树坑的直径，并将坑底的土尽量挖松；土质不好的应过筛或全部换土。在新填平和新堆土上挖坑时，应先在树坑附近适当夯实，挖好后坑底也适当踩实，以防栽后灌水土塌树斜。

第二，回填。种树前应该按树根的长、宽及其根系顶端长度的情况，在坑内先回填部分熟土。一般情况下，回填熟土 20 至 30 厘米。回填后的树坑

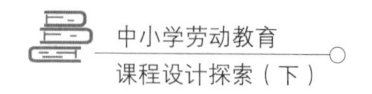

的好坏对栽植质量和日后的生长发育有很大影响，因此要格外注意，以圆柱形树坑最好。

第三，栽植。按照"三二一"的注意事项，即三埋、两踩、一轻提。放置树苗时要将根部扶正，枝要展开，这是前提。栽树时，须分三次填土。第一次填土少许，在距坑顶一定距离的地方先停止填，在已填的土上绕树一周，用均力踩实，然后轻提树茎、抖松，以保证树根的呼吸畅通。第二次填土后，再绕树踩实。在第三次填土后，尽量保证与坑面平齐。树根放位时要与南北、东西方向的树对齐。然后，在坑面上围一个大圆盘，便于日后浇水养护。

栽植时，一人扶正苗木，一人填土，填一部分，踩实一遍，若是黏土的话不可以重复踩，直到填满后再踩实一次，填好的土要与原根颈痕相平或略高 3～5 厘米。

第四，覆土、保墒。将树苗栽好后，覆盖一层薄土，以保持水分。栽后应立即进行灌水，无雨天不要超过一昼夜就应浇上头遍水。水一定要浇透，使土壤吸足水分，有助于根系与土壤密接，才能确保成活。

（2）划分领地和材料。

（3）在老师的指导下分组种树。

（4）合影留念。

六、总结评价

（一）学生总结评价

学生评价自己在本次劳动教育活动中是否通过实践体验等达到了自己初

步设定的目标,是否树立了正确的劳动观念,培养了热爱劳动、尊重劳动成果的情感。

(二)成果展示交流

评选出优秀的劳动个人,并请他们分享自己的劳动经验,讲述自己在劳动活动过程中遇到的困难以及克服困难的方法。

(三)教师总结评价

教师总结本次劳动活动的意义和价值,并对学生们的劳动表现进行评价。

七、拓展延伸

> **我国植树的历史**
>
> 在我国,植树造林有着悠久的历史。在"夸父追日"的神话中,便有夸父临死前扔掉的拐杖化为森林、造福人类的传说。虞舜时期设立执掌山林的官员"虞官"。夏禹时期出现了我国最早的"森林保护法"。殷商时期的甲骨文也记载了人们在房前屋后栽花植树的情景。西周时期,国家成立了"林衡""山虞"等职能管理部门,负责掌管种植、护林等事务。
>
> 秦统一六国后,秦始皇大力提倡在城镇街巷和大道两旁种绿化树,这是我国古代城市绿化的先声,贾山《至言》载:"秦为驰道于天下,道广五十步,树于青松。"南北朝时,北魏孝文帝取消山泽之禁,给百姓分田植树,而且对种树做了具体规定:"男夫一人给田二十亩,课莳余,种桑五十株,枣五株,榆三株,限三年种毕。"可见当时已经给农民规定了植树指标。据《开河记》载,隋炀帝虽然是个穷奢极欲的皇帝,但他亲自种柳,下令在开挖大运河的同时,要在河旁植柳,并奖励"柳一株,赏一缣",这之后出现了千里运河两岸绿柳成荫的景观。
>
> 唐代朝廷曾下令所有的驿站之间全种上行道树,城乡植树之风也是年盛一年。孟浩然诗云:"绿树村边合,青山郭外斜。"到了宋代,宋太祖为鼓励植树,下令凡是垦荒植桑枣者,不缴田租,对于规劝百姓植树成绩卓著的官吏予以晋升一级的奖励,因而植树的范围更广泛,当时从

福建古田直至海南，除种上苍翠松桧之外，还杂种荔枝，远远望去恰似一片连绵不绝的茂林。《元史·食货志》载，元世祖忽必烈即位后，诏书天下："国以民为本，民以食为天，衣食以农桑为本"，并颁布了《农桑之制》，规定每丁每岁种桑枣20株，如土性不宜，可改种榆、柳，均以种活长成为数。他还要求各级官吏督促实施，如失职或申报不实，须按法律论罪。明清时期，植树造林规模更大。

中华人民共和国成立后，党和政府极为重视植树造林，毛主席向全国人民发出了"绿化祖国""实现大地园林化"的号召，开始了"12年绿化运动"，目标为在12年内基本上消灭荒地荒山，在一切宅旁、村旁、路旁、水旁以及荒地荒山上，即在一切可能的地方，均要按规格种起树来，实行绿化。1979年2月，经第五届全国人大常委会第六次会议决定，将每年的3月12日定为植树节。

植树美句

白头种松桂，早晚见成林。

——〔唐〕白居易《种柳三咏》

栽松遍后院，种柳荫前墀。

——〔唐〕白居易《春葺新居》

奉乞桃树一百根，春前为送浣花村。

——〔唐〕杜甫《萧八明府堤处觅桃栽》

种竹交加翠，栽桃烂熳红。

——〔唐〕杜甫《春日江村》

万卷藏书宜子弟，十年种木长风烟。

——〔宋〕黄庭坚《郭明甫作西斋于颍尾请予赋诗》

手种堂前垂柳，别来几度春风。

——〔宋〕欧阳修《朝中措·送刘仲原甫出守维扬》

茅檐长扫净无苔，花木成畦手自栽。

一水护田将绿绕，两山排闼送青来。

——〔宋〕王安石《书湖阴先生壁》

新栽杨柳三千里，引得春风渡玉关。

——〔清〕杨昌浚《恭诵左公西行甘棠》

交通志愿者

一、课程说明

人们在道路上进行活动、玩耍时,应该按照交通法规的规定,安全地行车、走路,以避免发生人身伤亡或财物损失。交通志愿者的主要工作内容是协助交通执勤民警和协管员宣传交通文明,劝阻交通违法行为,维护道路交通秩序,对行人过横道线遇红灯站在路边或横道线上等候、不走人行道、闯红灯及非机动车遇红灯超越停车线、在人行道上骑行等交通违法行为进行劝阻、纠正;并积极为老、幼、残疾等需要帮助的行人提供服务。本课程将组织学生参与交通志愿者社会公益活动,为提高大家的交通安全意识出一份力。

二、课程目标

● 劳动观念:通过扮演"交通志愿者"角色,切身体会遵守交通规则的重要性,形成重视交通安全的观念。

● 劳动技能:了解交通安全知识,熟悉交通规则。

● 劳动品质:学习交通指挥的知识,参与交通劝导活动,体会交通执勤人员的用心和辛苦。

● 劳动精神:通过扮演"交通志愿者"角色,养成吃苦耐劳、热爱劳动的优良品质。

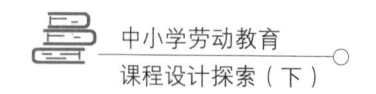

三、适用学段

高中学段。

四、课前准备

（一）工具准备

协管工具、服装等。

（二）安全事项

（1）志愿者在工作中要文明礼貌，不可动粗，活动中严肃纪律，体现志愿者、要体现当代中学生的高尚的精神风貌。

（2）活动组织人员起好带头作用，认真负责，保证活动的顺利进行。对工作态度较差者可加入志愿者黑名单，不予考虑以后的活动人选。

（3）参加人员要注意自身的生命安全，志愿者一切行动要听从负责人员的指挥。不能做出违规、违纪的行为。

（4）活动中，工作人员佩戴工作证，参加人员配戴绶带、志愿者徽章。

（5）参加活动的人员要严格按照交警大队和我协会的要求工作，不准擅自行动、做出违规的行为。志愿者在中途原则上不可离开工作岗位，突发状况务必报告给负责人，不可擅自离开。

五、教学过程

（一）活动导入

遵守交通规则，珍惜生命，从我做起。一些人为图一时方便，无视交通法规的存在，给交通造成混乱，这就需要我们共同来监督、维护。为了让学生切身体会遵守交通规则的重要性，体会交通执勤人员的用心与辛苦，得到更好的锻炼机会，本次志愿活动定为协助市交警大队宣传交通法规，提高行人的安全行车意识。

（1）劳动教师做自我介绍，并讲解安全注意事项。

（2）介绍交通执勤人员的工作职责。

（3）确认组长、材料领取员、安全员。

（二）活动组织

（1）活动开始前通知具体的集合时间、地点，并提醒其戴好志愿者徽章。

（2）8：00在校门口前集合完毕后，对志愿者进行交通协管注意事项讲解。

（3）志愿者安全前往目的地。

（4）到达目的地之后，与交岗亭负责人进行交接。

（5）将各志愿者进行具体分组，原则上每个点安排两人站岗，各分队负责人做好分组记录。

（6）对志愿者进行现场交协指导工作。

（7）发放工具，志愿者进行交通协管。

（8）志愿者负责人与交岗亭值班人员共同对志愿者进行监督、指导，志愿者负责人做好各志愿者的表现记录，分好等级，并拍好宣传照。

（9）活动完成后，收集好协管工具将其归还给交岗亭负责人并与交岗亭做好交接工作，请求交岗亭负责人对我们的活动策划书与人员名单签字。

（10）志愿者负责人安全带领各志愿者返校。

（11）返校后写好活动总结。

六、总结评价

（一）学生总结评价

学生评价自己在本次劳动教育活动中是否通过实践体验等达到了自己初步设定的目标，是否树立了正确的劳动观念，培养了热爱劳动、尊重劳动成果的情感。

（二）成果展示交流

评选出优秀的劳动个人，并请他们分享自己的劳动经验，讲述自己在劳动活动过程中遇到的困难以及克服困难的方法。

（三）教师总结评价

教师总结本次劳动活动的意义和价值，并对学生们的劳动表现进行评价。

我是城市美容师

一、课程说明

清洁卫生的环境非常重要，人类所患的许多疾病都与环境污染有很大的关系。肮脏的环境会滋生传播疾病的蚊子、苍蝇、老鼠、蟑螂等动物，所以每个人都有爱护环境卫生、保护环境不受污染的责任。通过本次"我是城市美容师"课程，学会如何遵守保护环境的法律法规，遵守讲究卫生的社会公德，自觉养成节约资源、不污染环境的良好习惯，肩负起社会责任，尽自己的一份力，努力营造清洁、舒适、安静、优美的环境，保护和促进人类健康。

二、课程目标

- 劳动观念：通过扮演"城市美容师"角色，切身体会环卫工作的重要性，明白劳动不分贵贱的道理。
- 劳动技能：学习如何完成环卫工作，成为一名合格的环卫工人。
- 劳动品质：学习清洁、打扫卫生的知识，体验清洁街道的劳动过程，体会环卫工人的用心和辛苦，养成不怕脏、不怕累的劳动品质。
- 劳动精神：通过扮演"城市美容师"角色，养成吃苦耐劳、热爱劳动的优良品质。

三、适用学段

初中学段。

四、课前准备

（一）工具准备

手套、大扫把、反光背心、垃圾夹。

（二）安全事项

（1）与环卫工人交流时注意礼貌用语，尊重他人。

（2）上街注意交通安全。

（3）进行多人实战劳动课，参与劳动人数多，秩序容易混乱，应将学生按组分劳动区域进行。

（4）清扫街道时注意安全，避免受伤。

（5）劳逸结合，避免低血糖。

（6）正确使用清扫工具，严禁当街打闹。

五、教学过程

（一）活动导入

（1）阅读服务劳动相关《劳动手册》，了解环卫工人职业。

（2）劳动讲师做自我介绍，讲解学生劳动体验的注意事项。

（3）分组，确认组长。

（二）活动组织

1. 工作讲解与设备参观

（1）劳动讲师介绍讲解环卫工人的工作职责和工作流程。

（2）劳动讲师介绍清扫街道所用到的工具和使用方法。

（3）参观清扫车工作。

（4）以小组为单位，划分每组的清扫区域，领取清扫工具、反光背心、手套等。

2. 环卫工作体验

（1）各小组进行任务分工，如谁负责捡垃圾、谁负责扫落叶等。

（2）到达分工区域后，各组开始进行街道的清扫。

（3）劳动讲师进行巡回指导。

（4）劳动讲师进行检查和评价，看看哪组做得又快又好。

3. 采访

（1）思考、设计想采访环卫工人的问题。

（2）上街进行采访记录。

（3）进行汇总讨论。

4. 完成"劳动问答"

《我是城市美容师》劳动问答

1. 环卫工人节是_____月_____日。

2. 判断下列说法正确与否。

（1）环卫工人工作时间为8小时。　　　　　　　　　　　　（　）

（2）环卫工人要学会规避交通风险。　　　　　　　　　　　（　）

（3）环卫工人需要具有很强的社会责任感。　　　　　　　　（　）

（4）环卫工人的上班时间是早上6点。　　　　　　　　　　（　）

3. 环卫工人具有哪些值得我们学习的劳动精神？

六、总结评价

（一）学生总结评价

学生评价自己在本次劳动教育活动中是否通过实践体验等达到了自己初步设定的目标，是否树立了正确的劳动观念，培养了热爱劳动、尊重劳动成果的情感。

（二）成果展示交流

评选出优秀的劳动个人，并请他们分享自己的劳动经验，讲述自己在劳动活动过程中遇到的困难以及克服困难的方法。

（三）教师总结评价

教师总结本次劳动活动的意义和价值，并对学生们的劳动表现进行评价。

《我是城市美容师》劳动评价表

学生自评	
我对环卫工人有了一定了解	☆☆☆☆☆
我对城市环境保护有了一定了解	☆☆☆☆☆
我掌握了环卫工作的完整步骤	☆☆☆☆☆
我了解了常见的清洁工具的正确使用方法	☆☆☆☆☆
我体验到了团队对劳动的重要性	☆☆☆☆☆
我按照老师的要求进行了观察和操作	☆☆☆☆☆
我积极主动地参与了整个劳动过程	☆☆☆☆☆
小组互评	
活动中,该同学积极参与,团结合作	☆☆☆☆☆
活动中,该同学为小组做出了贡献	☆☆☆☆☆
劳动中,该同学遇到问题积极思考并解决问题	☆☆☆☆☆
鉴定人签名:_____、_____	

七、拓展延伸

城市发展越来越好,大家走在街上都有着满满的幸福感。你是否注意到城市的环境是谁在维护?环卫工人离我们很近,却又离我们很远。他们就是如此平凡,平凡到我们经常忽略他们。那么环卫工人到底是一个怎样的职业,让我们一起来了解一下吧!

历史上的趣事

1987年,黑龙江省牡丹江市率先设立了"环卫工人节",日期就定在10月26日。这一创举在全国产生了巨大的反响。

在建设部、中国建设建材工会和中国城市环境卫生协会的积极推动下,在各地人大、政府的高度重视和支持下,各地纷纷设立了环卫工人节。

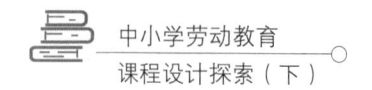

2020年全国劳动模范万道勤

作为一名普通的环卫工人,万道勤一干就是24年,不怕脏、不怕累、爱岗敬业,在平凡的岗位上做出了不平凡的贡献。

在踏入这个行业之前,万道勤的丈夫是一名环卫工人。1996年,丈夫突然瘫痪在床,她便到当时的环管站顶替丈夫的工作,成为一名普通的环卫工人。

万道勤心甘情愿选择了环卫事业,她承诺,为了城市的环境卫生,一定要把环卫工作接力下去。2003年,大方县城南门有一堆垃圾,她和同事花了大半个月的时间才把垃圾清理干净。为了防止有人再丢垃圾,万道勤每天晚上都去蹲守,整整守了一个冬天,才改变了市民乱扔垃圾的陋习。她认为,城市卫生无小事,城市卫生事关文明建设,事关群众身体健康。

2020年春节伊始,新冠肺炎疫情蔓延,万道勤挺身而出,带领全县674名环卫工人冲锋在疫情防控第一线。从清晨到傍晚,从街头到巷尾,总能看到一抹抹橙色身影,分布在城市的大街小巷。每天,万道勤带领大家对县城内的街道、人行道、菜场、公厕、广场、公园等进行清扫和消毒。

11月24日,万道勤荣获"2020年全国劳动模范"荣誉称号,面对这些荣誉,万道勤笑着说:"赢得这么多荣誉,我非常开心,也希望自己继续把这份工作做好,做一个名副其实的城市美容师。"

知识讲堂

1. 了解职业——环卫工人

环卫工人被人们赞誉为"城市黄玫瑰""马路天使"和"城市美容师",主要负责街道卫生保洁工作。

2. 了解职责——环境保洁

一般街道环卫工人都是社区推荐的,环卫处的工人一般面向社会招聘,要求环卫工人全天保洁。

3. 怎样做好环卫工人

(1)环卫工人是轮班制,24个小时轮班对人的生物钟影响非常大,因此需要足够的休息来蓄养精神。

（2）环卫工人负责城市卫生，主要工作区域是城市道路，环卫工人一定要在工作的时候注意来往车辆，避免在车流中进行清洁工作。

（3）环卫工人在工作前要准备好工作服和防护装备，比如戴好口罩、遮阳帽等来保护自己的身体，减轻环境对自己健康的损害。

（4）环卫工人应该多练习清扫技能，合理使用各种工具，并熟悉各种藏污纳垢的处理方式，能够更快地完成工作。

（5）环卫工人在工作时一定要注意补充水分，高温时段要注意不在太阳下暴晒，备好"十滴水""仁丹"等处暑药物，避免发生中暑症状。